Jessika Fichtel & Anika Luthardt

Glücksorte im Thüringer Wald

Fahr hin & werd glücklich

Dieses

Glücksbuch

ist für

Liebe Glücksuchende!

„Ich wandre ja so gerne am Rennsteig durch das Land, den Beutel auf dem Rücken, die Klampfe in der Hand.“ Als Karl Müller die Zeilen zu Herbert Roths Rennsteiglied dichtete, war ihm bewusst, dass diesem Wanderweg und der gesamten Region, durch die er sich schlängelt, ein poetisches Denkmal gesetzt werden muss.
Das grüne Herz Deutschlands besticht vor allem durch seine Vielseitigkeit. Zu jeder Jahreszeit können Besucher und Einheimische hier ihr Glück auf ganz unterschiedliche Weise finden.
All die Orte, die wir Ihnen in diesem Buch vorstellen, unterstreichen die magische Anziehungskraft der Region, die mal sagenumwoben, mal bodenständig und ganz oft schlichtweg mitreißend daherkommt. Es sind genau diese Facetten, die einen Trip in den Thüringer Wald so unvergesslich machen.
Oder – um noch einmal Karl Müller zu Wort kommen zu lassen: „Bin ich weit in der Welt, habe ich Verlangen, Thüringer Wald, nur nach dir.“

Viel Freude beim Erkunden wünschen Ihnen

Jessika Fichtel & Anika Luthardt

Deine Glücksorte ...

... noch mehr Glück für dich

Thüringer Wurst

Weltkulturerbe in Sicht

1 Auf dem Metilstein gegenüber der Wartburg

Die Wartburg, die majestätisch über Eisenach und somit am nördlichen Rand des Thüringer Waldes thront, ist das unumstrittene Highlight der Region. Touristen aus aller Welt strömen hierher, um über den historischen Burghof zu flanieren und das Innere des Weltkulturerbes zu erkunden. Was viele dabei jedoch außer Acht lassen: Ihre ganze Pracht entfaltet die Wartburg erst dann, wenn der Betrachter ein paar Schritte zurücktritt und das Bauwerk mit gebührendem Abstand auf sich wirken lässt. Ein Ort, der das ausgesprochen gut ermöglicht, ist der Metilstein direkt gegenüber der weltberühmten Burg.
Wer den Hausberg Eisenachs vom Parkplatz der Wartburg aus besteigen will – keine Angst, hierfür genügt eine durchschnittliche Kondition –, muss seinem Instinkt vertrauen. Eine entsprechende Beschilderung suchen Wandersleute nämlich vergebens. Vom Imbiss an der ehemaligen Eselstation aus führt ein alter Plattenweg links in den Wald hinein. Diesem folgend oder einen der zahlreichen Trampelpfade nutzend, tragen einen die Füße fast schon automatisch zum Metilstein mit seinem einzigartigen Ausblick. Dieser „beschränkt“ sich im Übrigen nicht nur auf die Wartburg, sondern wird durch das weitläufige Grün des Thüringer Waldes perfekt ergänzt.

TIPP
Am Imbiss an der Eselstation gibt es eine der besten Thüringer Rostbratwürste Eisenachs.

Glück ist jedoch nicht nur garantiert, wenn man den Blick in die Ferne schweifen lässt. Der Metilstein mit seinen heidebewachsenen Felsen und den von Wind und Wetter geformten Eichen bildet eine wildromantische Gesamtkomposition, die durchaus die Bezeichnung „pittoresk“ verdient hat. Tiefe Spalten und in den Stein geschlagene Stufen deuten außerdem an, dass hier vor vielen hundert Jahren einmal die Burg Metilstein gestanden hat.
Sollte der Metilstein an einem sonnigen Tag einmal zu viele andere Besucher anlocken, lohnt es sich im Übrigen, dem Weg noch ein Stück weiter zu folgen und es sich auf dem Nebenplateau des Berges gemütlich zu machen. Hier ist die Aussicht nicht minder beeindruckend und sein mitgebrachtes Picknick kann man ungestört genießen.

- Metilstein, 99817 Eisenach
- ÖPNV: Bus 03, 23, Haltestelle Wartburg

Verschnaufen und staunen

2 Kraxeln auf dem Glöckner am Rennsteig

Wer auf dem Rennsteig wandert oder Fahrrad fährt, ist in der Regel davon überzeugt, dass der Weg das Ziel darstellt. Es kann jedoch keinesfalls schaden, sich diesen gewissen Punkte auszusuchen, um hier zumindest eine kurze Rast einzulegen und bei der Gelegenheit gleich die atemberaubende Schönheit der Umgebung zu genießen. Der Glöckner in der Nähe von Ruhla ist ein ausgezeichnetes Zwischenziel zum Verschnaufen und Staunen. Denn nicht nur die wundervolle Aussicht über den Thüringer Wald und die benachbarte Rhön entschädigen für so manche Strapaze aufgrund sportlicher Betätigung. Das Steinmassiv mit seinen zahlreichen Felsblöcken und -formationen ist auch für sich genommen eine wahrhaftige Augenweide.

Auffallend markant ist der steinerne Stuhl auf dem Gipfel des Glöckners, der selbstverständlich dazu einlädt, Platz zu nehmen und den Moment zu genießen. Davor oder danach empfiehlt es sich, das Areal rundherum einmal genauer zu inspizieren. Der Glöckner mit seinem Felsenmeer ist ein herrlicher Kraxelspielplatz für Kleine und Große (Vorsicht, bitte nicht verletzen!) und bietet viele versteckte Highlights. Darum lautet die ausdrückliche Empfehlung an dieser Stelle, den Hauptweg ruhig einmal zu verlassen und herauszufinden, wohin die kleinen unscheinbaren Pfade links und rechts davon führen. Ein Perspektivenwechsel hat schließlich noch nie geschadet.

Dass so eine Wanderung zum Glöckner bei strahlendem Sonnenschein am meisten Spaß macht, steht natürlich außer Frage. Sollte sich das Wetter jedoch mal nicht von seiner besten Seite zeigen oder plötzlich umschlagen, bietet die Finnhütte, nur wenige Meter in Richtung Glasbachwiese entfernt, Schutz und die Möglichkeit, sich seinen Wegproviant im Trockenen schmecken zu lassen. Erstaunlich gemütlich ist es hier im Übrigen in der Adventszeit. Denn dann kommt es vor, dass Freunde des Rennsteigs die Rasthütte mit Kerzen, Kugeln und Co. ausstatten und somit für besinnliche Stimmung sorgen.

- Glöckner am Rennsteig, 36448 Steinbach
- ÖPNV: Bus 140, 142, 196, Haltestelle Glasbach (ca. 1 km zu Fuß)

Wandelbarer Sehnsuchtsort

3

Überraschungen am Bergsee an der Ebertswiese

Es gibt diese Orte im Thüringer Wald, die zu jeder Jahreszeit einen anderen, aber jedes Mal aufs Neue umwerfenden Charme versprühen. Der Bergsee an der Ebertswiese ist ein solcher Ort und aufgrund seiner fast schon klischeehaften Schönheit längst kein Geheimtipp mehr. Vor allem im Sommer ist es zugegebenermaßen schwer, hier die abgeschiedene Einsamkeit zu genießen, die uns die vielen Fotos auf Instagram gern vorgaukeln wollen. Das ist keinesfalls verwunderlich, denn an heißen Tagen bietet der kalte Bergsee, der, streng genommen, eher die Größe eines Teiches hat, eine herrliche Abkühlung.

Doch nicht nur wenn das Wetter Temperaturrekorde jagt, ist dieses Fleckchen Erde mit seinem zauberhaften See eine hervorragende Ausflugsidee. Vor allem im Winter, wenn die Schneedecke gern mal bis unter die Schaukel auf dem benachbarten Spielplatz reicht, verwandelt sich dieser Ort tief im Herzen des Thüringer Waldes in eine Kulisse, an der Märchenfilme gedreht werden könnten. Dann kann es tatsächlich auch vorkommen, dass man die Wiese, den zugefrorenen See, die steilen Felswände rundherum, eben alles ganz für sich alleine hat. Gleiches gilt für nebelverhangene Herbsttage, die der Umgebung um den See eine fast schon mystische Stimmung verleihen und vor allem Fotografenherzen höherschlagen lassen. Um es auf den Punkt zu bringen: Dieser Ort ist ein wahrer Verwandlungskünstler und überzeugt durch Facettenreichtum. Und wenn doch einmal mehr Leute den Weg zur Ebertswiese auf sich nehmen, ist das per se nichts Schlechtes. Denn dann kann es mitunter auch passieren, dass gleich zwei Alphornbläser aus dem benachbarten Floh-Seligenthal ihre stattlichen Instrumente aufbauen und das Echo der Felswände nutzen, um ihre warmen Klänge in die Weiten des Thüringer Waldes zu schicken. Zugegeben, man muss schon sehr viel Glück haben, einen solchen Auftritt rein zufällig mitzuerleben. Aber geht es nicht genau darum in diesem Reiseführer: das Glück zu suchen und letztlich auch zu finden?

TIPP

In „Kurti's Baude" nahe der Ebertswiese gibt es kleine Snacks und Getränke.

- Bergsee an der Ebertswiese, 98593 Floh-Seligenthal
  www.thueringen.info/bergsee-ebertswiese.html
- ÖPNV: Bus 851, Haltestelle Nesselhof (ca. 2 km zu Fuß)

Felsige Naturschönheit

4 Das Steinerne Tor im Mittelwassergrund

Wenn der Thüringer Wald eines in Hülle und Fülle zu bieten hat, dann sind es Felsen. Mal groß und mal klein, mal kolossal und mal ganz schlank, mal schroff und mal glatt. Und dann gibt es die, die komplett aus der Reihe fallen und in gänzlich überraschender Gestalt daherkommen. So wie zum Beispiel das Steinerne Tor im Mittelwassergrund bei Tambach-Dietharz.

Im Falle dieses Glücksortes lautet das Motto ganz klar: Der Name ist Programm – denn das Steinerne Tor ist nicht mehr und nicht weniger als ein steinernes Tor, durch das ein erwachsener Mensch bequem hindurchspazieren kann. Der felsige Bogen tief im Wald kann als Highlight in die unterschiedlichsten Wandertouren eingebaut werden. Hat man den steilen Anstieg (oder Abstieg, je nachdem, von welcher Seite man zum Tor kommt) hinter sich gebracht, kann man hier für einen Moment auf der benachbarten Bank verschnaufen, sich seinen Wegproviant schmecken lassen und selbstverständlich auch das eine oder andere Erinnerungsfoto schießen. So ein Motiv bekommt man schließlich nicht alle Tage vor die Linse. Doch einfach nur die Kamera „draufhalten" und abdrücken wäre selbstverständlich viel zu langweilig und unkreativ. Wer es verspielt mag, ein gutes Gespür für Perspektiven und ein Model mitbringt, kann ebendieses zum Beispiel so vor dem Tor platzieren, dass es scheint, als würde es mit hoch in die Luft gestreckten Armen den Felsbogen stützen – quasi ein Hauch von Pisa mitten im Thüringer Wald.

Vom Steinernen Tor aus kann die Wanderung im Anschluss ruhig noch ein Stück weitergehen. Egal ob Talsperre Schmalwasser, der Falkenstein, Thüringens höchster frei stehender Kletterfelsen, oder das „Röllchen" – die Gegend rund um das Steinerne Tor ist abwechslungsreich und lädt dazu ein, aktiv zu sein. Letzteres ist eine kleine Gebirgsklamm, die im Thüringer Wald absoluten Seltenheitswert besitzt. Ja, dieses Mittelgebirge im grünen Herzen Deutschlands ist in der Tat vielseitig und schlichtweg verzaubernd.

● Steinernes Tor, 99897 Tambach-Dietharz
https://www.tourismus-thueringer-wald.de/aktiv/steinernes-tor

Blitzschnelle Vierbeiner

5 Beim Schlittenhunderennen in Frauenwald

Klirrende Kälte, dick verschneite Bäume, frostige Hände, die an Thermobechern voll Tee oder Glühwein gewärmt werden – wer als Zuschauer beim Hundeschlittenrennen in Frauenwald dabei sein möchte, muss (natürlich im übertragenen Sinne) ein dickes Fell haben. Denn da Schlittenhunde bekanntermaßen besonders gern im Winter aktiv sind und erst dann so richtig auf Hochtouren kommen, wenn sich die Temperaturen im Minusbereich einpegeln, genießt diese Sportart nun einmal zwischen Dezember und Februar den größten Zuspruch. Und das ist auch gut so, denn irgendwie gehört es schlichtweg dazu, ein wenig zu frieren, während man am Streckenrand steht und die Musher (gesprochen: Mascher) mit ihren Gespannen anfeuert. Leidenschaftliches Mitfiebern ist immerhin das beste Mittel gegen Kälte.
Wie faszinierend so ein Schlittenhunderennen ist, wird meist erst klar, wenn man es live miterlebt hat. Vom Musher, der sich auf Skiern von einem einzelnen Hund über die Strecke ziehen lässt und dabei perfekte Körperbeherrschung unter Beweis stellen muss, bis hin zum Gespann aus zehn oder mehr Hunden – beim internationalen Schlittenhunderennen in Frauenwald sind die unterschiedlichsten Rennklassen vertreten und sorgen für ordentlich Abwechslung.
Spannend sind jedoch nicht nur die Läufe an sich, sondern auch das komplette Drumherum. Man muss nicht einmal ein passionierter Hundeliebhaber sein, um die Atmosphäre bei dieser Veranstaltung, die jedes Jahr im Februar stattfindet, aufregend zu finden. Beim Gang durch das „Rennlager“ kann man die pfeilschnellen Vierbeiner aus nächster Nähe betrachten. Doch Vorsicht – hierbei handelt es sich keinesfalls um verschmuste Schoßhündchen, sondern waschechte Athleten. Streicheln ist daher absolut verboten. Doch das ist okay, denn ein Besuch beim Hundeschlittenrennen in Frauenwald ist auch ohne Kuscheleinheit ein wahrhaftiges Erlebnis, das sich langfristig ins Gedächtnis einbrennt.

- Internationales Schlittenhunderennen, 98694 Frauenwald
www.ssct.de
- ÖPNV: Bus 300, 307, Haltestelle Frauenwald, Bahnhof (ca. 1 km zu Fuß)

62

Ein Hauch von Schweden

6 Auf Tour im Schützenbergmoor bei Oberhof

Warum in die Ferne schweifen, wenn es so manchen Sehnsuchtsort direkt vor der eigenen Haustür gibt? Der Thüringer Wald ist bekannt für seine malerischen Gipfel und die Wege dorthin. Doch nur wenigen ist bewusst, dass hier auch andere Landschaftsformen einen eindrucksvollen Auftritt hinlegen. Das Schützenbergmoor in der Nähe von Oberhof ist so eine Landschaft, die nicht nur überrascht, sondern es sogar schafft, einen Hauch skandinavisches Flair zu versprühen. Denn um das kleine Moor mit seiner spannenden Tier- und Pflanzenwelt erkunden zu können, muss man über einen 230 Meter langen Holzsteg wandern, der die Füße vorm Nasswerden bewahrt. Alle, die schon einmal durch Schweden gereist sind, werden wissen, dass jene Wegesform im kühlen (und sumpfigen) Norden Europas weit verbreitet ist und das Wandern auf Planken hier gewissermaßen zum „guten Ton" gehört. In Kombination mit der eher kargen Natur und den umstehenden Nadelbäumen ist hier, nur gut einen Kilometer vom Rennsteig entfernt, ein Fleckchen Erde entstanden, das Fernweh weckt und gleichzeitig daran erinnert, wie schön es doch in der eigenen Region sein kann.

Mit rund fünf Hektar ist das Schützenbergmoor übrigens ein Winzling unter den Hochmooren und schnell durchwandert. Doch wer sich Zeit lässt, auf einer der Bänke verweilt, Tieren und Pflanzen seine volle Aufmerksamkeit schenkt und einfach für einen Moment die Stille und Abgeschiedenheit genießt, wird hier auf der Suche nach Glück garantiert fündig. Letzteres funktioniert übrigens am besten an einem nebeligen Frühjahrs- oder Herbsttag. Denn wenn die Schönwetter-Wanderer lieber zu Hause bleiben oder den Tag im Oberhofer Schwimmbad verbringen, entfaltet das Schützenbergmoor erst seine vollständige, überaus mystische Schönheit. Ganz allein über Holzplanken wandern, die Natur mit allen Sinnen wahrnehmen und sich mit etwas Fantasie in das weit entferne Schweden träumen – ja, auch das ist im Thüringer Wald möglich.

● Schützenbergmoor, 98559 Oberhof
www.biosphaerenreservat-thueringerwald.de, Stichwort: Moorsteg
● ÖPNV: Bus R, Haltestelle Rondell/Rennsteiggarten – Oberhof
(ca. 2 Kilometer zu Fuß)

Berühmte(ste) Thüringerin

7 Bratwurst essen an der „Wegscheide“

Manche Menschen behaupten ja, niemand dürfe an dem Gasthaus „Zur Wegscheide“ vorbeifahren, ohne hier haltzumachen und eine Bratwurst zu essen. Dass die knusprig-braune Wurst so etwas wie das Nationalgericht der Thüringer ist, steht auch in Zeiten der zunehmenden Beliebtheit fleischfreier Ernährungsformen außer Frage – genauso wie der Umstand, dass vermutlich jede Region im Freistaat für sich beansprucht, die schmackhafteste Wurstvariante hervorgebracht zu haben. Viele „Usswärtsche“ wissen gar nicht, dass Wurst in Thüringen nicht gleich Wurst ist. Die Zeit und regionale kulinarische Vorlieben haben hier ganz unterschiedliche „Bratwurst-Interpretationen“ hervorgebracht, die sich vor allem im Hinblick auf die verwendeten Gewürze voneinander unterscheiden. Eine Faustregel besagt beispielsweise, dass, je weiter man sich gen Osten bewegt, desto „kümmeliger“ die Bratwurst wird. Im Thüringer Wald – also beispielsweise an der „Wegscheide“ zwischen Oberhof und Crawinkel – schmeckt die Rostbratwurst in erster Linie nach … Heimat.

TIPP

Das Gasthaus hat auch einen Imbiss für Leute, die es eilig haben.

Frisch vom Rost (im original Thüringer Vokabular kommt das Wort „Grill“ nicht vor), brutzelig heiß, perfekt gebräunt und mit einer Spur Senf im Brötchen drapiert muss sie sein, die perfekte Bratwurst. Wer sie einmal gekostet hat, möchte es immer wieder tun und versteht augenblicklich, warum sich über die Jahrhunderte ein regelrechter Kult um die berühmteste aller Thüringerinnen entwickelt hat. Dass diese Ikone der Regionalküche nahezu überall im Freistaat schmeckt, ist selbstverständlich. Doch es gibt tatsächlich jene Orte, an denen die Bratwurst – zumindest rein subjektiv betrachtet – noch ein kleines bisschen leckerer ist. Ob das an der Wurst an sich, dem Bratmeister, dem Ambiente oder etwas ganz anderem liegt, lässt sich an dieser Stelle nicht beurteilen. Wahrscheinlich ist das am Ende des Tages auch gar nicht wichtig.

- Gasthaus „Zur Wegscheide“, Siegelbachstraße 41, 98559 Oberhof, Tel. (03 68 42) 2 22 31, www.zur-wegscheide.de
- ÖPNV: Bus 860, Haltestelle Wegscheide (b. Oberhof)

Ein Hauch alpin

8 Glück auf dem Hohen Stein bei Oberschönau

Welcher der Gipfel im Thüringer Wald die schönste Aussicht bietet, kann man an dieser Stelle keinesfalls final beurteilen. Der Hohe Stein in der Nähe von Oberschönau liegt im Ranking jedoch ziemlich weit vorn. Der schroffe Felsen, der sich bequem zu Fuß erklimmen lässt, bietet nahezu alles, was das Wandererherz höherschlagen lässt: anspruchsvolles Gelände, eine spannende Umgebung und – selbstverständlich – einen Ausblick, der nicht schöner sein könnte. Hat man den Hohen Stein einmal „bezwungen", stellt sich mit ein wenig Fantasie sogar fast schon alpines Flair ein. Das können sogar die bestätigen, die selbst schon im Hochgebirge unterwegs waren und die Gipfel des Thüringer Waldes eher als „Ziel für einen Sonntagsspaziergang" einstufen würden.

In der Tat kann man die Gesteinsgruppe, die als Flächennaturdenkmal gilt, in eine gemütliche Tour integrieren, die – je nach Schritttempo – ein bis zwei Stunden dauert. Den Start der Runde bildet der Parkplatz „Kanzlersgrund". Von hier aus führt ein breiter Wanderweg erst am Kohlenbach entlang und dann nach links. Es geht stetig bergauf, doch keine Sorge: Hochalpine Wandererfahrungen werden hier keinesfalls abverlangt. Etwas anspruchsvoller wird es erst auf dem letzten Stück der Strecke, das zum Gipfel des Hohen Steins führt. Ein Schild weist den Weg, und eine Infotafel liefert spannende Fakten über das Areal. Wer die Aussicht zur Genüge genossen, Fotos geknipst und eine kleine Stärkung zu sich genommen hat – für eine gemütliche Rast eignet sich der umgefallene Baumstamm neben der Infotafel –, kann für den Abstieg den etwas steileren Pfad nutzen und somit die Rundwanderung mit dem Rückweg zum Parkplatz komplettieren. Das entsprechende Hinweisschild befindet sich am Hauptweg und ist besser zu sehen, wenn man den Hohen Stein hinter sich lässt. Zur Verlängerung der Wanderung bieten sich auch umliegende Ziele wie der ausgebrannte Stein oder der Sieglitzteich an.

TIPP

Der Hohe Stein bietet Kletterern verschiedene Routen mit unterschiedlichen Schwierigkeitsgraden an.

- Hoher Stein, 98587 Oberschönau
- ÖPNV: Bus 448, Haltestelle Kanzlersgrund Gasthaus (1,6 Kilometer zu Fuß)

Märchenhaft schön

9 Durch den magischen Lauchagrund bei Bad Tabarz

Manche Orte im Thüringer Wald sind so atemberaubend, dass man nicht umhinkommt zu denken: Wie im Film! Im Lauchagrund, einem der schönsten und abwechslungsreichsten Täler des Thüringer Waldes ist dieser sehnsuchtsvolle Gedanke die pure Realität – denn hier wurde im Jahr 1950 tatsächlich ein Film gedreht; der erste Farbfilm der DDR-Geschichte, um genau zu sein. „Das kalte Herz" bildete den Grundstein einer ostdeutschen Erfolgsgeschichte. Der erste DEFA-Märchenfilm wurde zugleich einer der beliebtesten und löste einen regelrechten Entertainmentboom in der DDR aus. Viele weitere Märchenverfilmungen der DEFA folgten, nicht nur der ehemalige DDR-Bürger, sondern auch nahezu jedes Kind weiß das.
Dass der Lauchagrund bei Bad Tabarz für die Außenaufnahmen von „Das kalte Herz" ausgewählt wurde, ist wenig überraschend. Schroffe Felswände, versteckte Höhlen und imposante Gesteinsformationen bilden ein Ensemble, das den Betrachter in Staunen versetzt und zum Fantasieren einlädt. Wer einmal durch den sagenumwobenen Lauchagrund gewandert ist, wäre vermutlich nicht einmal schockiert, wenn plötzlich das Glasmännchen höchstpersönlich auf dem Weg stünde und den Vorbeilaufenden einen guten Tag wünschen würde.
Doch auch ohne irgendwelchen Märchenfiguren zu begegnen, ist der Lauchagrund ein ganz und gar fantastischer Ort. Zu seinen Highlights gehören die Backofenlöcher, der Torstein, der Rote Turm und der Aschenbergstein, von dem aus man einen großartigen Blick auf den Inselsberg hat. Diese und weitere spannende Anlaufpunkte sind sehr gut ausgeschildert und trotz teilweiser Entlegenheit quasi nicht zu verfehlen. Abstecher vom Hauptweg entlang des Wilden Grabens lohnen sich grundsätzlich immer, denn so wird aus einem entspannten Spaziergang schnell ein kleines (oder größeres) Abenteuer. Selbst eingefleischte Thüringer sind nicht selten überrascht, wenn sie dieses Tal zum ersten Mal betreten und feststellen, dass es schlicht und ergreifend märchenhaft schön ist. Wie im Film eben.

● Lauchagrund, 99891 Bad Tabarz
www.tourismus-thueringer-wald.de/natur-pur/lauchagrund-bad-tabarz
● ÖPNV: Tram 4, Bus 840, 841, 842, 857, Haltestelle Bad Tabarz
(2,6 Kilometer zu Fuß)

Alpha und Omega

10 Am Ursprung des Rennsteigs in Hörschel

Der Rennsteig ist ein Wanderweg der Superlative. Er ist nicht nur der älteste, sondern auch der am meisten begangene Weitwanderweg Deutschlands und damit der Inbegriff des Wanderns – nicht nur, aber vor allen Dingen im Thüringer Wald. Einziges Manko, wenn man denn so will: Er ist kein Rundwanderweg und hat somit einen Anfang und ein Ende. Was das eine und was das andere ist, liegt letztlich im Auge des Betrachters. Die große Mehrheit ist sich jedoch einig, dass der Rennsteig seinen Anfang am Werra-Ufer in Hörschel nimmt. Den Ortsteil von Eisenach freut's. Denn auf knapp 250 Einwohner kommen jedes Jahr mehrere Tausend Wanderer, die sich von hier aus auf den 170 Kilometer langen Weg bis nach Blankenstein machen und dabei ihr ganz persönliches Glück suchen. Keinesfalls die schlechteste Wahl, denn so ein Weitwanderweg bietet auf jeden Fall genügend Möglichkeiten, in sich zu gehen, seinen Gedanken nachzuhängen und die Grenzen des eigenen Körpers kennenzulernen.

Doch selbst wer nicht vorhat, die gesamte Strecke des Rennsteigs in einem Rutsch zu wandern, wird in Hörschel einen wahren Glücksort finden. Hier, wo schon so manches Wanderabenteuer begann, liegt eine einzigartige Stimmung in der Luft, die Lust macht, es vielleicht doch einmal selbst auszuprobieren: den Rucksack mit dem Nötigsten auszustatten, die Wanderstiefel zu schnüren und – so will es die Rennsteigtradition – einen Stein aus der Werra bis zur Selbitz, dem Flüsschen bei Blankenstein, zu tragen.

Dass der Startpunkt des Rennsteigs für manche eben doch das Ende ist, ist übrigens nicht von der Hand zu weisen. Unter Wandersleuten ist es nämlich Sitte, vom langen Weg geschundene Stiefel am Ziel zurückzulassen. Und so kommt es, dass hier vor der imposanten Kulisse der Werratalbrücke so manches Paar Schuhe am Wegweiser baumelt und stumm von einer ganz besonderen Reise berichtet – einer Reise über den Hauptkamm des Thüringer Waldes von Alpha bis Omega oder von Omega bis Alpha. Das darf jeder selbst entscheiden.

TIPP
Einfach über den Hof vom Gasthaus „Tor zum Rennsteig“ gehen und schon ist man da.

- Beginn des Rennsteigs, Unterstraße 2, 99817 Eisenach/OT Hörschel
www.rennsteig.de
- ÖPNV: Bus 2, 181, Haltestelle Hörschel (ca. 200 m zu Fuß)

Rennsteig
R
Steinbach am Wald 140,1 km
Blankenstein 169,3 km

Eine runde Sache

11 Schatzsuche am Schneekopf bei Gehlberg

Wandert man auf dem Schneekopf bei Gehlberg, sollte man die Augen nicht nur auf den Weg vor sich richten, sondern gelegentlich auch nach links und rechts schweifen lassen. Mit ein wenig Glück kann man hier nämlich eine der heiß begehrten Schneekopfkugeln finden. Die geologischen Besonderheiten dieser Steine werden an anderen Stellen (beispielsweise im Internet) ausgiebig erörtert. Daher hier nur das Wesentliche: Die Kugeln, die meist wenige Zentimeter, manchmal aber auch bis zu zwei Meter groß sind, sehen von außen recht unspektakulär aus und offenbaren ihre wahre Schönheit erst dem, der einen Blick in ihr Inneres werfen kann. Funkelnde Mineralien sorgen dafür, dass aufgebrochene Schneekopfkugeln nicht nur interessante Briefbeschwerer abgeben, sondern auch unter dekorativen Gesichtspunkten eine ziemlich gute Figur machen.

Zugegeben, eine Wanderung über den Schneekopf beziehungsweise um diesen herum bietet keinen Garant dafür, eine Schneekopfkugel zu finden – zumal das Graben nach den Steinen streng verboten ist. Da diese außerdem schon seit Hunderten von Jahren begehrte Sammler- und Forschungsobjekte sind, ist die Anzahl der noch verbliebenen Exemplare in freier Natur natürlich überschaubar. Dieser Umstand sollte jedoch keinesfalls als Hemmnis, sondern vielmehr als zusätzlicher Ansporn verstanden werden. Denn wer tatsächlich eine Schneekopfkugel findet – egal ob nun in der Größe einer Kirsche oder mannshoch –, wird mit ziemlich großer Wahrscheinlichkeit mit Glückshormonen überschüttet.

Sollte die Schatzsuche trotz aller Bemühungen nicht von Erfolg gekrönt sein, ist das dennoch kein Grund zum Trübsalblasen. Der Schneekopf bietet auf seinem weitläufigen Plateau einen herrlichen Panoramablick auf etliche Gipfel des Thüringer Waldes. Bei guter Wetterlage reicht die Sicht sogar bis in den Harz und ins Erzgebirge. Es scheint fast so, als wäre diese Aussicht eine Art Friedensangebot des Schneekopfs für das sorgfältige Behüten seiner Kugeln.

TIPP

Im Gehlberger Schneekopfkabinett kann man Schneekopfkugeln in unterschiedlichen Größen bestaunen.

● Schneekopf, 98559 Gehlberg
www.schneekopf.eu
● ÖPNV: Bus R, Haltestelle Schneekopf

Heidelbeerparadies

12 Kleines Glück an der weißen Bank am Körnberg

So unspektakulär manche Dinge auch daherkommen mögen – es lohnt sich stets, sie genauer auf sich wirken zu lassen, den Blickwinkel zu wechseln und auf die kleinen Details links und rechts der „Hauptattraktion“ zu achten. Auf diese Weise erkennt der gewillte Besucher auch, dass die weiße Bank am Körnberg – streng genommen müsste es „die weißen Bänke“ heißen, denn in der Tat stehen hier inzwischen zwei Exemplare – zwar zugegebenermaßen kein atemberaubendes Highlight im Thüringer Wald ist, aber dennoch den Titel „Glücksort“ verdient hat. Es sind nämlich die vielen kleinen Dinge ringsherum, die dieses Fleckchen Erde so sehenswert machen. Da wäre zum Beispiel das Gipfelkreuz, das den „Bezwingern“ des Berges augenzwinkernd attestiert, dass sie sich atemberaubende 8272 Meter unter dem Mount Everest befinden. Oder die ausgedienten Wanderschuhe, die im Baum neben der Bank baumeln. Oder das Gipfelbuch voller schöner Einträge (einer davon stammt übrigens von der Verfasserin dieser Zeilen hier). Ja, dieser Ort hat tatsächlich einiges zu bieten, was glücklich macht – nicht zuletzt auch einen fabelhaften Blick rüber zum Inselsberg, einer der größten Erhebungen im Thüringer Wald.

Wem das alles jedoch immer noch nicht ausreicht, um der weißen Bank am Körnberg einen Besuch abzustatten, der lässt sich vielleicht von diesem kulinarischen Hinweis anlocken. Der Weg zum Aussichtspunkt mit der bodenständigen Sitzgelegenheit wird flankiert von herrlichen Heidelbeerteppichen, die im Sommer den ein oder anderen fruchtigen Snack bereithalten. In guten – sprich ertragreichen – Jahren lohnt es sich sogar, den Wegproviant fix auf der weißen Bank zu verzehren und die Brotdose dann mit Waldheidelbeeren für zu Hause zu füllen. Ob diese einzeln per Hand oder mithilfe eines speziellen Kamms gepflückt werden, ist Geschmackssache. Apropos Geschmack: In diesem sind die wilden Beeren ihren Verwandten aus dem Supermarkt in aller Regel weit überlegen – weniger wässrig, dafür umso aromatischer.

- Weiße Bank am Körnberg, 99894 Friedrichroda
- ÖPNV: Bus 831, 840, 846, 857, Haltestelle Friedrichroda, Gymnasium (1,4 km zu Fuß)

Liebevolles Lädchen

13

Stöbern im Concept Store Livolæ in Eisenach

Vor allem die älteren Eisenacher, die den lichtdurchfluteten Laden in der Marienstraße 24 betreten, kennen die Räumlichkeiten noch aus vergangenen Tagen, als hier der ansässige Tischlermeister hochwertige Möbelstücke ausstellte. Wo früher Tische und Stühle feilgeboten wurden, findet man heute allerlei andere Dinge, zum Beispiel schönes Geschirr, hochwertige Kinderbekleidung und Spielwaren, diverse Genussprodukte von der Erfurter Goldhelm-Schokolade bis zum „Eisemacher", einem Rum aus Eisenach, Schmuck und Accessoires. Die älteren Eisenacher würden das Geschäft von Tracy Steinbrecher und Alexander Horn, Nachkomme des besagten Tischlers, vermutlich als Gemischtwarenladen bezeichnen. Die beiden Einzelhändler bevorzugen jedoch den weitaus innovativeren Begriff „Concept Store".

Was sich hinter diesem verbirgt, ist schnell erklärt: alles, was das Herz begehrt. Denn im Gegensatz zu den meisten anderen Geschäften im stationären Handel, die in der Regel auf ein gewisses Sortiment festgelegt sind, erfinden sich Concept Stores regelmäßig neu, indem sie ihren Kunden immer wieder frische Waren anbieten. Und auch sonst ist das Konzept dieser Läden überaus flexibel. Inhaberin Tracy möchte mit „Livolæ" eine Wohlfühloase inmitten des Eisenacher Zentrums etablieren und bietet darum neben vielen schönen Dingen für Groß und Klein, zum Verschenken und Selber-Behalten auch Coffee to go, Blumenkreationen der lokalen Floristin Diana Zschiegner und andere Nettigkeiten an. Das Ergebnis dieser Zusammenstellung ist ein ganz und gar liebevolles Lädchen – eben ein Livolæ (der letzte Buchstabe wird wie ein „ä" ausgesprochen). Dass der Name des einladenden Concept Stores an einen Begriff aus dem Skandinavischen erinnert, ist natürlich beabsichtigt. Tracy Steinbrecher, die maßgeblich für das Sortiment im Concept Store verantwortlich ist, hat ein Faible für nordische Designs und Labels. Doch auch Regionalität, Nachhaltigkeit und Außergewöhnlichkeit spielen bei ihrer Auswahl eine zentrale Rolle.

TIPP

In der Nähe des Ladens gibt es eine bunte Treppe zu entdecken, die zusätzliches Glück verspricht.

● Livolæ, Marienstraße 24, 99817 Eisenach, Tel. (01 76) 31 19 13 78
www.livolae.de; www.instagram.com/livolae

● ÖPNV: Bus 3, 13, 33, 190, Haltestelle Eisenach, Wandelhalle (ca. 120 m zu Fuß)

Die Flora der Bergwelt

14 Pflanzenkunde im Rennsteiggarten in Oberhof

Es ist schon erstaunlich: Das kleine Örtchen Oberhof steht wie kaum ein anderes im Thüringer Wald für touristische Vergnügungen jeder Couleur. Hier oben am Grenzadler kann man nicht nur wandern und rodeln, sondern auch klettern, schwimmen, shoppen und snowboarden. Zwischen Jubelrufen an der Biathlon-Weltcup-Strecke und durchtanzten Nächten in der Joel Bar wird jedoch gern mal vergessen, dass Oberhof auch ganz anders sein kann – nämlich naturverbunden, bodenständig und sanft.

Der Rennsteiggarten am Oberhofer Rondell ist einer der Orte, die dies unter Beweis stellen. Abseits des trubeligen Wintertourismus kommt er fast schon ein bisschen schüchtern daher. Das muss er jedoch auf gar keinen Fall sein. Der botanische Garten im Herzen des Thüringer Waldes ist nämlich eine wahre Rarität. Er ist auf die Flora der Gebirgswelt spezialisiert und entführt seine Besucher auf nahezu alle Kontinente unserer Erde. Von Nordamerika über Vorderasien bis nach Skandinavien – der Rennsteiggarten präsentiert die Pflanzenwelt der Berge auf überaus charmante und abwechslungsreiche Art. Gespickt mit kleinen unerwarteten Kuriositäten und Highlights wie der Meilerstätte oder dem atemberaubenden Regenbergblick ist hier vor über 50 Jahren eine Ausstellung entstanden, die nicht nur eingefleischten Botanikfans ein Staunen ins Gesicht zaubert. Vom riesigen Nadelbaum bis hin zum winzigen Felsengewächs – wer denkt, dass die Mittel- und Hochgebirge dieser Welt „pflanzentechnisch" eher karg ausgestattet sind, der wird im Rennsteiggarten eines Besseren belehrt.

TIPP

Hunde sind im Rennsteiggarten nicht erlaubt.

Zwischen April und November lädt das an den Berg geschmiegte Areal zur Entdeckungstour ein, dazwischen herrscht Winterruhe. Besucher, die vom vielen Auf und Ab durstig sind und eine kleine Stärkung vertragen können, dürfen nach der Expedition ins Gebirge mit gutem Gewissen im Café Enzian einkehren und sich hier Thüringer Waldheidelbeeren in verschiedensten Variationen – beispielsweise als Schorle, Eis oder Kuchen – schmecken lassen.

- Rennsteiggarten, Am Pfanntalskopf 3, 98559 Oberhof, Tel. (03 68 42) 2 22 45 www.rennsteiggartenoberhof.de
- ÖPNV: Bus R, Haltestelle Rondell/Rennsteiggarten – Oberhof

Erfrischende Rast

15 Wohltuendes Kneippen am Hohen Bruch

Dass das Wandern eine Wohltat für Geist und Körper ist, steht selbstverständlich außer Frage. Doch irgendwann kommt selbst der ausdauerndste Naturfreund an den Punkt, an dem die müden Füße beginnen zu streiken. Wohl dem, der in genau diesem Moment am Kneippbecken am Hohen Bruch, nur rund einen Kilometer von der Hohen Sonne bei Eisenach entfernt, vorbeikommt. Das eiskalte Wasser, das direkt von der benachbarten Quelle ins Becken geleitet wird, ist nicht nur eine Wohltat für geschundene Füße, es wirkt auch auf den Rest des (ausgelaugten) Körpers überaus belebend. Ob nun wie ein Storch durch den Salat … ähm, das Wasser watend oder gemütlich am Beckenrand sitzend: So ein Kneippbecken bietet allerlei Möglichkeiten, sich die Zeit zu vertreiben und dabei die Schönheit des Moments zu genießen.

Wirklich allein wird man dabei wahrscheinlich nie sein – immerhin liegt das Kneippbecken direkt am Rennsteig und somit an der „Hauptverkehrsader" des Thüringer Waldes. Gerade im Frühling und Herbst herrscht hier Hochkonjunktur, was jedoch keinesfalls etwas Schlechtes ist. So ein Plausch unter Wandersleuten oder Fahrradfreaks ist doch immer wieder aufs Neue eine willkommene Abwechslung – und wo ließe es sich besser fachsimpeln und austauschen als auf Deutschlands ältestem Weitwanderweg? Im Sommer, wenn der Rennsteig etwas zur Ruhe kommt, lohnt sich ein Besuch des Beckens aus ganz anderen Gründen: Zum einen stehen die Chancen gut, dass man diesen herrlichen Ort für sich hat, und zum anderen bietet er genau die Abkühlung, die bei Temperaturen jenseits der 30-Grad-Marke dringend notwendig ist. Gerade in den Abendstunden, wenn der Wald nach einem heißen Tag aufzuatmen beginnt, die Vögel in den Bäumen ihre lebhaftesten Melodien zwitschern und die Sonne durch die üppig grünen Kronen funkelt, erhält das Kneippbecken fast schon etwas Heilsames. Ganz großes Glück haben diejenigen, die sich etwas Verpflegung mitgebracht haben und damit den Tag mit den Füßen im eiskalten Wasser ausklingen lassen.

- Kneippbecken Am Hohen Bruch, Rennsteig, 99817 Eisenach
- ÖPNV: Bus 13, 183, 190, 195, Haltestelle Hohe Sonne (ca. 1 km zu Fuß)

Immer gen Nordsee

16 Unterwegs zum Schwarteworschtborn bei Ruhla

Die Liebe der Thüringer zu ihren Fleisch- und Wurstwaren ist in jedem Winkel des Freistaates zu spüren. Nicht nur ihre berühmteste Vertreterin, die Rostbratwurst, landet hier gern auf dem Teller (beziehungsweise direkt im Brötchen), auch andere Spezialitäten erfreuen sich im Thüringer Wald größter Beliebtheit. Ob nun Sülze, Rot- oder Leberwurst – deftig, würzig und lecker muss es sein. Der Schwartenwurst – einer Frischwurst aus dem Eichsfeld im Norden Thüringens – wurde in der Nähe von Ruhla sogar ein Denkmal der besonderen Art gesetzt. In der Nähe der Schanzenanlage „Alte Ruhl" entspringt der sogenannte Schwarteworschtborn – eine kleine Oase der Ruhe, die nicht nur wegen ihres kuriosen Namens glücklich macht.
Von der Schanzenanlage aus startend, führt der kleine Fußmarsch erst einmal auf die andere Straßenseite und von dort aus quer durch den Wald. Getreu dem Motto „Der Weg ist das Ziel" wird an dieser Stelle dringend empfohlen, die Eindrücke der Natur ganz bewusst und mit allen Sinnen aufzusaugen. Sei es nun der unverkennbare Ruf des Kuckucks, der aromatische Duft der Nadelbäume oder das satte Grün der Farne am Waldboden – die kurze Wanderung zum Schwarteworschtborn ist eine Wellnesseinheit to go, die ihren Höhepunkt entlang der Storchswiese nimmt. Diese herrlich saftige Bergwiese erinnert vor allem im Sommer ziemlich stark an ihre Verwandten im alpinen Raum. Es fehlt quasi nur noch das Läuten der Kuhglocken, und die Almatmosphäre wäre perfekt.
Vom Ende der Storchswiese aus sind es dann nur noch wenige Schritte bis zum eigentlichen Ziel. Der Schwarteworschtborn mit seinem klaren, kühlen Wasser plätschert unermüdlich vor sich hin, so, als wäre es ihm völlig egal, ob er Besuch hat oder nicht. Der kleine Bach, der hier entspringt, mündet nur wenige Hundert Meter weiter in den Erbstrom, der Erbstrom in die Hörsel, die Hörsel in die Werra, die Werra in die Weser und die Weser schließlich in die Nordsee. Ein Besuch des Schwarteworschtborns ist also fast schon Strandurlaub.

- Schwarteworschtborn, 99842 Ruhla
- ÖPNV: Bus 140, Haltestelle Ruhla, Schwimmbad (ca. 1,5 Kilometer zu Fuß)

Schwarteworschtborn

Mode mit Story

17 „Danis Kleidergeschichten" in Saalfeld

Ganz weit „drüben", am östlichen Rand des Naturparks Thüringer Wald, liegt die beschauliche Kleinstadt Saalfeld. Diese ist natürlich in erster Linie für ihre zauberhaften Feengrotten bekannt, aber auch ein bisschen für ihre Stadttore und als Kurstadt. Womit Saalfeld eher weniger in Verbindung gebracht wird, ist Mode. „Schade eigentlich", dachte sich Daniela Jahn womöglich, als ihr 2019 beim Vintageshopping in Berlin die Idee für ein eigenes kleines Secondhandlädchen in ihrer Heimatstadt kam. Dieses sollte der überwiegend weiblichen Kundschaft nicht nur ein tolles Sortiment an Kleidung, Schuhen und Accessoires bieten, sondern auch eine Extraportion Wohlfühlambiente.

So entstand „Danis Kleidergeschichten" – eine Boutique, die bewusst gegen den Strom schwimmt und nicht nur der schnelllebigen Modeindustrie, sondern auch der Uniformität in deutschen Innenstädten den Kampf ansagt. Denn ja, neben den „üblichen Verdächtigen", die man in nahezu jeder Einkaufspassage findet, fällt so ein Laden wie der von Daniela mühelos auf. Dass die kreative Saalfelderin nur so vor Ideen sprüht und für ihr Konzept brennt, ist an vielen Ecken deutlich zu spüren.

Da wären zum Beispiel die Kleidergeschichten, die nicht nur dem Secondhandladen seinen Namen gegeben haben, sondern tatsächlich die Story hinter den „Teilchen", wie Daniela ihre feilgebotenen Waren gerne nennt, erzählen möchten. Vom Fundstück aus Omas Kleiderschrank über das ausgefallene Urlaubsmitbringsel bis hin zum Hochzeitsaccessoire – viele Stücke im Laden haben eine spannende Reise hinter sich und sind trotzdem noch nicht am Ziel angekommen. Und so warten die Schätze aus zweiter Hand sehnsüchtig darauf, ein neues liebevolles Zuhause zu finden und dort ein weiteres Mal Freude zu spenden. Um sicherzugehen, dass diese auch wirklich groß und lang anhaltend ist, berät Daniela ihre Kundinnen bei Bedarf ausführlich und individuell – gern auch mal bei einer Tasse Kaffee oder einem Glas Sekt.

- Danis Kleidergeschichten, Brudergasse 9, 07318 Saalfeld, Tel. (0 15 12) 0 18 03 66 www.danis-kleidergeschichten.de
- ÖPNV: Bus 227, 453, 545, 547, 558, A, D, Haltestelle Saalfeld Markt (Liden)

Achtung, Fälschung!

18 Der Luisenthaler Wasserfall bei Schweina

Die Bewohner des Thüringer Waldes sind sehr stolz, wenn es um ihre Originale geht. Ob nun Weihnachtsbaumkugeln, Gartenzwerge oder Bratwürste – Fälschungen werden hier nicht akzeptiert und bestenfalls milde belächelt. Nur bei Wasserfällen, da scheinen sie gern mal eine Ausnahme zu machen beziehungsweise es nicht ganz so genau zu nehmen. Denn neben Thüringens bekanntestem Exemplar – dem Trusetaler Wasserfall – ist auch der Luisenthaler keine Schöpfung der Natur, sondern die des Menschen. Doch dieser Umstand sollte keinesfalls als Makel betrachtet werden, sondern vielmehr als nette Aufmerksamkeit für die Allgemeinheit.
In der Tat bietet der Wasserfall in der Nähe der Ortschaft Schweina bei Bad Liebenstein mit seinem vorgelagerten Teich – auch hierbei handelt es sich um ein eigens angelegtes Landschaftselement – einen durch und durch adretten Anblick, der den Betrachter an eine Alpenlandschaft erinnern soll. So zumindest lautete das ambitionierte Ziel von Herzog Georg I. von Sachsen-Meiningen, der auch und vor allem bei der Gestaltung von Schloss Altenstein seine Finger im Spiel hatte. Der Adelige war ein brennender Anhänger der romantischen Parkgestaltung und lebte diese Vorliebe auch leidenschaftlich aus. Die Anlage um das malerische Schloss Altenstein ist nur einen Steinwurf vom Wasserfall entfernt – beides lässt sich also gut und gerne durch einen gemütlichen Spaziergang miteinander verbinden.
Mit gut zehn Metern Höhe ist der Luisenthaler Wasserfall natürlich ein Winzling im Vergleich zu seinem rund 60 Meter hohen Artgenossen in Trusetal. Dafür besticht er durch weniger Trubel, noch mehr Natur und – auch das soll an dieser Stelle nicht unerwähnt bleiben – kostenfreien Eintritt. Da nimmt man es doch gern in Kauf, dass sich das Wasser des Luisenbaches nicht aus freien Stücken in die Tiefe stürzt, sondern vom Menschen in gewisser Weise zu seinem Glück gezwungen wurde. Der Schönheit dieses Ortes tut das auf jeden Fall keinen Abbruch.

● Luisenthaler Wasserfall, 36448 Schweina
www.nothnfr.de (Stichwort: Luisenthaler Wasserfall)
● ÖPNV: Bus 41, Haltestelle Schweina, Schwimmbad (750 Meter zu Fuß)

Versteckte Perle

19 Hoch zum Blumenkorbfelsen im Park Altenstein

Der Schlosspark Altenstein in der Nähe des Kurortes Bad Liebenstein ist aus vielerlei Gründen einen Besuch wert. Die weitläufige Anlage rund um das gleichnamige Schloss wartet mit zahlreichen sehenswerten Orten auf. Einige von ihnen sind unübersehbar und andere gut versteckt. Einer, der zur zweiten Kategorie gehört, ist der Blumenkorbfelsen am südwestlichen Rand des Parks. Hierhin verirren sich nur wenige Gäste des Parks, sodass es fast schon wahrscheinlicher ist, einer Herde frei umherlaufender Rhönschafe zu begegnen als einem anderen Menschen. Der Blumenkorbfelsen hält, was er verspricht. Er ist nämlich in der Tat ein Felsen, auf dem ein (erstaunlich großer) Blumenkorb steht. Der Aufstieg über in den Stein geschlagene Stufen bis hoch auf das kleine Plateau lohnt jedoch nicht nur wegen dieses überraschenden Dekorelements, sondern natürlich in erster Linie wegen der großartigen Aussicht. Diese erstreckt sich über weite Teile des Parks inklusive des Schlosses bis hinüber in die benachbarte Rhön. Da es grundsätzlich nie verkehrt ist, seinen Blick in die Ferne schweifen zu lassen, ist es eine ausgezeichnete Idee, hier oben für einen Moment innezuhalten, sich den Wind um die Nase wehen zu lassen und darüber zu sinnieren, was Thüringen und insbesondere der Thüringer Wald doch alles zu bieten hat.

TIPP

Es lohnt sich, vom Blumenkorbfelsen aus weiter bis zum „chinesischen Häuschen" zu wandern.

Selbst eingefleischte „Ureinwohner" kommen nämlich immer wieder ins Staunen, wenn sie so kleine, versteckte Perlen wie den Blumenkorbfelsen finden und feststellen, dass sie noch nie zuvor etwas davon gehört haben.

Dann stellt sich eigentlich nur noch die Frage: Erzähle ich einen solchen Geheimtipp weiter oder behalte ich ihn vielleicht doch lieber für mich? Im Zweifelsfall sollte die Antwort wohl immer „weitererzählen" lauten – denn geteiltes Glück ist ja bekanntermaßen doppeltes Glück.

- Blumenkorbfelsen, Park Altenstein, 36448 Bad Liebenstein
- ÖPNV: Bus 41, Haltestelle Altenstein (ca. 600 m zu Fuß)

Bühne frei!

20 Das Felsentheater bei Bad Liebenstein erkunden

Manchmal muss erst etwas Altes kaputtgehen, damit etwas Neues entstehen kann – so geschehen beim Felsentheater in der Nähe von Bad Liebenstein. Hier, wo heute drei majestätische Buchen in der Mitte eines fast schon mystisch anmutenden Platzes stehen, existierte bis ins 16. Jahrhundert eine große Höhle. Es scheint fast so, als wäre deren Einsturz vom Schicksal vorbestimmt gewesen, damit hier tief im Wald ein Ort entstehen konnte, der bis in die Gegenwart verzaubert. Ob dieser tatsächlich für Theatervorführungen genutzt wurde, darüber ist man sich heute nach wie vor nicht einig. Die einen finden es nur konsequent, dass der Platz für Inszenierungen durch das Meininger Hoftheater herhielt, die anderen verweisen darauf, dass das Publikum gar keine gute Sicht auf die Naturbühne gehabt hätte.

Doch egal, ob hier einst Schauspieler ihr Können unter Beweis gestellt haben oder nicht – in der Jetztzeit ist das Felsentheater ein interessantes Fleckchen Erde, das die Fantasie eines jeden Besuchers anregt. Da kann es schnell mal passieren, dass ein wilder Drache aus einer der angrenzenden Höhlen herauslugt, eine stolze Prinzessin die in den Stein geschlagenen Treppen herunterschreitet oder sich Indiana Jones höchstpersönlich an den mehrere Meter hohen Felswänden abseilt. Ja, auch solche Tagträumereien können durchaus und obendrein überaus zuverlässig glücklich machen, wenn man sie denn in der permanenten Hektik des Alltags einfach mal zulässt.

Möchte man das Felsentheater trotzdem lieber durch die eher bodenständige Brille betrachten, findet man hier allerlei geologische Besonderheiten und Details, die es wert sind, genauer unter die Lupe genommen zu werden. Und wer auch hierauf keine Lust hat, der kann es sich, schlichtweg mit dem Rücken an eine der Buchen gelehnt, bequem machen und den Frieden des Waldes genießen – auch das ist völlig in Ordnung und manchmal sogar der sicherste Weg, um sich selbst einen kleinen Glücksmoment zu bescheren.

● Felsentheater, 36448 Bad Liebenstein
www.bad-liebenstein.de/felsentheater
● ÖPNV: Bus 41, 43, 140, 196, Haltestelle Bad Liebenstein, Tierpark
(ca. 1,5 Kilometer zu Fuß)

Gute Hausmannskost

21 Zu Gast in der Waldschänke Dreiherrnstein

Die traditionelle Küche im Thüringer Wald ist schnörkellos und bodenständig, die dazu passenden Gaststätten sind urig und gesellig. Bei Soljanka, Rostbrätel und Wildgulasch dauert es in der Regel nie lange, bis man mit seinem Tischnachbarn oder der Wirtin ins Plaudern kommt. Kein Wunder, denn gutes Essen hebt zuverlässig die Stimmung, und mit ausgelassener Laune schwatzt es sich nun einmal besonders gut. Geht man in der Waldschänke Dreiherrnstein in die Gesprächsoffensive, erwischt man mit ziemlich großer Wahrscheinlichkeit jemanden, der gerade per pedes unterwegs ist – die Gaststätte liegt schließlich direkt am Rennsteig und ist deswegen unter Wanderern ein beliebtes Ziel für eine Rast.

Ob nun im zünftigen Gastraum mit seinen holzvertäfelten Wänden und den Jagdtrophäen oder unter freiem Himmel – bei bester Gesellschaft und in Kombination mit einer kühlen Erfrischung aus dem Zapfhahn schmecken die kulinarischen Klassiker der Waldschenke immer wieder lecker. Gäste, die hier Feinschmeckerkompositionen und erlesene Spezialitäten erwarten, sind natürlich an der falschen Adresse. Am Dreiherrnstein werden Thüringische Werte hochgehalten – und diese lauten nun einmal Regionalität, Gemütlichkeit und Authentizität. Zugegeben, entgegen aller Ernährungstrends, die aktuell vor allem in den großen Städten Deutschlands gefeiert und umgesetzt werden, ist die Speisekarte der Waldschänke Dreiherrnstein auffällig fleischlastig. Auf der Suche nach vegetarischen oder gar veganen Alternativen kann man höchstens zwischen dem gemischten Salatteller und einer Portion Pommes wählen. Ansonsten gilt: (N)Ostalgie ist Trumpf – denn zwischen den „üblichen Verdächtigen" wie Bockwurst mit Kartoffelsalat oder Schweineschnitzel finden sich sogar waschechte Ikonen der DDR-Küche. Wer schon immer mal Toast Hawaii am Rennsteig essen wollte (oder dieses Bedürfnis nun erstmals verspürt), der sollte auf seiner nächsten Wanderung bei der Waldschänke Dreiherrnstein haltmachen.

TIPP

Bei der Waldschänke beginnt der Breitunger Rennsteig, der den Thüringer Wald mit der Rhön verbindet.

- Waldschänke Dreiherrnstein, 98599 Brotterode, Tel. (03 68 40) 3 10 11 www.gasthausrennsteig.de/
- ÖPNV: Bus 142, 196, Haltestelle Dreiherrenstein bei Steinbach (700 Meter zu Fuß)

PORTAL

Rast am Rost

22 Grillplatz „Köhlerhütte“ bei Tambach-Dietharz

Eine anständige Brotzeit im Thüringer Wald kommt ohne Schnickschnack daher und stärkt den Wanderer auf ganz klassische Weise. Doch ab und zu darf es am Wegesrand auch mal eine kleine Besonderheit geben, die Kraft zum Weitergehen spendet und obendrein für eine Extraportion Geselligkeit sorgt.

Im Mittelwassergrund, unweit der Talsperre Schmalwasser, beispielsweise gibt es eine Raststätte, die gleich mehrere Highlights zu bieten hat. Zum einen wäre da der Nachbau einer Köhlerhütte, die an ein fast vergessenes Handwerk erinnert, das hier im Thüringer Wald einst große Bedeutung hatte. Bei schlechtem Wetter dient sie außerdem als schützender Unterschlupf. Zum anderen hat der Luftkurort Tambach-Dietharz hier einen überdachten Grillplatz eingerichtet, den nach vorheriger Anmeldung jeder nutzen kann. Neben dem Grillgut vom Würstchen bis zur Veggi-Alternative muss auch die sonstige Ausrüstung mitgebracht werden – doch das schreckt die richtigen Rost-Enthusiasten keinesfalls ab. Aufgeteilt auf mehrere Schultern ist die zusätzliche Last schnell bis zum Grillplatz getragen. Hier entschädigt nicht nur ein kühles Getränk für die „Schlepperei“, sondern auch und erst recht die herrliche Umgebung.

TIPP

Die Nutzung des Grills bitte über tourismus@tambach-dietharz.de oder telefonisch anmelden.

Unweit des Rastplatzes, der natürlich auch ohne Nutzung des Grills zum Pausieren einlädt, schlängelt sich der Kammerbach in Richtung Talsperre durch den Wald mit seinen sattgrünen Tannen. Auch der malerische Mittelwasserteich ist nur einen Steinwurf entfernt. An kühleren Tagen sorgt eine Feuerstelle für wohlige Wärme und eine gemütliche Atmosphäre. Ja, dieser Rastplatz macht es einem wirklich einfach, für einige Augenblicke zu verschnaufen, ehe die Wanderung durch den Mittelwassergrund weitergeht – vielleicht zum Steinernen Tor, vielleicht zur Staumauer an der Talsperre, vielleicht zum Falkenstein. Das Gute am Thüringer Wald ist ja, dass es immer mindestens genauso viele Gründe gibt weiterzuwandern wie solche, noch für einen Moment zu verweilen. Das nennt man dann wohl die Qual der Wahl.

- Grillplatz an der Köhlerhütte, 99897 Tambach-Dietharz, Tel. (03 62 52) 3 44 28
- ÖPNV: Bus 850, 851, 865, Haltestelle Tambach-Dietharz, Schule (3,5 km zu Fuß)

Seltene Landschaft

23 Auf zur Streuobstwiese „Herrengarten“ bei Suhl

Der Thüringer Wald ist ein klassisches Mittelgebirge: bewaldete Hänge, saftige Bergwiesen, schroffe Felsen – und alles durchzogen von scheinbar endlosen Wanderwegen. Neben diesen zu erwartenden Landschaftselementen gibt es hier und da jedoch auch ein paar echte „Sonderlinge“, die es durchaus verdient haben, noch etwas mehr Beachtung zu erhalten. Ein hervorragendes Beispiel hierfür ist die Streuobstwiese bei Dietzhausen, einem Ortsteil von Suhl.

Die Kulturlandschaftsform Streuobstwiese ist in den letzten Jahrzehnten immer mehr in Vergessenheit geraten und erhält nur noch selten die Aufmerksamkeit, die sie verdient. Im Thüringer Wald kann sie sogar als echte Rarität bezeichnet werden, denn die hohen Lagen und die damit verbundenen klimatischen Bedingungen sorgen dafür, dass sich Streuobstbäume hier nur mäßig wohlfühlen. Dass die Wiese bei Dietzhausen trotzdem Bestand hat und sogar bewirtschaftet wird, liegt in erster Linie daran, dass sie unter Naturschutz steht und es Menschen gibt, die sie mit Hingabe pflegen.

Der Aufwand lohnt sich, denn Flora und Fauna auf der Streuobstwiese „Herrengarten“ punkten hoch, wenn es um Diversität und Lebendigkeit geht. Neben Insekten fühlen sich hier vor allem Vögel ausgesprochen wohl. Es lohnt sich also, eine Decke mitzubringen, es sich darauf bequem zu machen und alle Sinne für die Eindrücke um einen herum zu schärfen: hier ein Summen, da ein Brummen, oben ein Rauschen, unten ein Rascheln und mittendrin das Gefühl, der Natur ganz nahe zu sein.

Ein besonders geeigneter Zeitpunkt für den Besuch der Streuobstwiese ist neben dem Herbst (Erntezeit!) übrigens der späte Sommer, denn dann blüht hier die Heide in sattem Violett. Wer diesen Anblick genießen möchte, der sollte das Wohngebiet „Am Schorn“ links liegen lassen, dem Weg entlang der Kuhweide folgen und am Ende des Tals auf den Waldweg abbiegen. Von dort aus geht es zu Fuß nach rechts weiter bergauf. Oben angekommen, immer links halten, bis die Wiese, etwas hinter Bäumen versteckt, auftaucht.

TIPP

Die Mosterei Linde verarbeitet die Früchte der Wiese zu Saft und verkauft diesen.

- Streuobstwiese „Herrengarten“, 98529 Dietzhausen
- ÖPNV: Bus 400, Haltestelle Dietzhausen, Schaftal (ca. 1,6 km zu Fuß)

In bester Gesellschaft

24 Wanderung zum Scharfenberg bei Bad Tabarz

Manche Klassiker im Thüringer Wald muss man früher oder später einfach mal besucht haben. Der Inselsberg zwischen Bad Tabarz und Brotterode – mit 916,5 Metern über dem Meeresspiegel der vierthöchste Berg Thüringens – ist so ein Ort, der durch eine Vielzahl touristischer Schmankerl besticht und Tag für Tag Gäste auf seinen Gipfel lockt. Hier oben ist das Glück zweifelsfrei zum Greifen nahe – doch ehrlicherweise muss man es mit ziemlich vielen anderen Menschen teilen. Von einem Geheimtipp kann hier also definitiv nicht die Rede sein.

Ganz anders verhält es sich mit dem Scharfenberg, einer Erhebung direkt neben dem Großen Inselsberg. Der Gipfel ist zwar weitaus weniger bekannt, dafür aber umso besuchenswerter. Denn anders als sein prominenter Nachbar besticht der Scharfenberg mit seinem Gipfelbuch im roten Kasten durch Abgeschiedenheit und das unbeschreibliche Gefühl, einen Ort ganz für sich allein zu haben. Da ist schnell vergessen, dass der Weg hin zum Gipfel durchaus eine sportliche Herausforderung ist und der Pfad vom Inselsberg hinüber zum Scharfenberg nur für die sichtbar wird, die ihn auch wirklich finden wollen. Doch all das verstärkt nur zusätzlich das Gefühl, ein echtes Abenteuer zu erleben und mit diesem Glücksort eine Perle entdeckt zu haben, die für die meisten anderen unsichtbar bleibt.

TIPP

Der Scharfenberg kann am besten via Grauer Weg oder Schlotweg erreicht werden.

Während drüben auf dem Inselsberg gerade der nächste Bus voller Tagesausflügler auf den Parkplatz rollt, die zwanzigköpfige Mountainbikegruppe den Gipfelsturm mit einem alkoholfreien Radler feiert und auch sonst einfach ziemlich viel los ist, regieren gleich nebenan auf dem Scharfenberg die Ruhe und Gelassenheit, die überall dort im Thüringer Wald zu finden sind, wo sich keine Touristen herumtreiben. Zum Glück gibt es diese Orte nach wie vor in allen Ecken der Region und oftmals sogar in unmittelbarer Nähe zu den bekanntesten Sehenswürdigkeiten. Somit kann man beides ganz hervorragend miteinander verbinden: klassisches Sightseeing und unbekannte Ecken entdecken.

● Scharfenberg, 99891 Bad Tabarz (neben dem Großen Inselsberg)

Gipfel-
buch

Eisdiele mit Kultstatus

25 Schlemmen im „Polarstern" in Bad Liebenstein

Wenn jemand im Thüringer Wald sagt: „Komm, wir fahren nach Bali und essen ein Eis", dann ist das keinesfalls als Umweltsünde zu verstehen, sondern vielmehr eine nette Einladung, die man auf jeden Fall annehmen sollte. „Bali" gilt unter Kennern nämlich als Abkürzung für Bad Liebenstein – und wenn dort ein Eis gegessen wird, dann mit ziemlich großer Wahrscheinlichkeit im Eiscafé „Zum Polarstern".
Die Eisdiele im Zentrum der Kleinstadt ist, rein optisch betrachtet, kein herausragendes Glanzlicht. Trotzdem – oder vielleicht auch ein bisschen genau deswegen – ist der „Polarstern" über die Grenzen Bad Liebensteins hinaus bekannt und ein wahres Mekka für Eisliebhaber. Seit Jahren genießt das Café einen unantastbaren Kultstatus. Was also ist das Geheimnis dieses Glücksortes?
Ein Blick in die Karte verrät, dass der „Polarstern" nach Saison bis zu 55 verschiedene Eissorten anbietet – natürlich eine leckerer als die andere. Eine solche Vielfalt sucht im Thüringer Wald ihresgleichen und sorgt zugleich für schier unendlich viele Kombinationsmöglichkeiten. Das Team des Eiscafés kann mit reichlich Kreativität und Experimentierfreude knapp 100 verschiedene Eisvariationen kreieren. Nussig, schokoladig, fruchtig, alkoholisch – am Ende sind alle Kreationen vor allem eines: ausgesprochen köstlich. Und dank diverser „Spezial-Eissorten" kommen im „Polarstern" auch jene auf ihre Kosten, die sonst leider auf die süßen Leckereien verzichten müssen. Ob nun laktosefrei, allergie- oder diabetesgeeignet – hier wird (Kurort sei Dank) an alle gedacht. Bei Bedarf wird das Eis auch einfach gänzlich weggelassen und nur ein buntes Potpourri aus herrlich frischem Obst serviert. Ja, so ein Ausflug nach Bali ist immer eine gute Idee – erst recht, wenn dieser durch einen Besuch im „Polarstern" gekrönt wird. Hierfür muss man nicht einmal in den Flieger steigen.

- Eiscafé „Zum Polarstern", Herzog-Georg-Straße 8, 36448 Bad Liebenstein, Tel. (03 69 61) 3 32 47, www.zumpolarstern.de
- ÖPNV: Bus 41, 43, 190, 196, Haltestelle Bad Liebenstein, Barchfelder Straße

POLARSTERN
Eiscafe

Wie aus dem Bilderbuch

26 Der pittoreske Pfanntalsteich bei Oberhof

Das mit Oberhof und seinem Bahnhof ist so eine Sache. Denn obgleich dieser wie so viele andere im Thüringer Wald überdurchschnittlich schön ist und mit seinem pittoresken Antlitz nicht nur Eisenbahnfans begeistert, liegt er ziemlich abseits vom Schuss. Ganze drei Kilometer sind es von hier aus bis zum Oberhofer Zentrum. Doch zum Glück gibt es auch direkt vor Ort bereits die eine oder andere Sehenswürdigkeit, die es wert ist, bestaunt zu werden. Unweit des Bahnhofs, direkt am Waldweg, liegt der Pfanntalsteich – ein kleines Gewässer wie aus dem Bilderbuch. An sonnigen Tagen nimmt das Wasser eine azurblaue Färbung an, die fast schon ein bisschen an die Karibik erinnert. Außerdem ist es so klar, dass man mühelos bis auf den Grund des Teiches schauen kann. Wenn dann auch noch die Wasseroberfläche makellos glatt ist und sich die umliegenden Tannen darin spiegeln, ist das Naturschauspiel in der Thüringer-Wald-Version perfekt. Der kleine Steg, der auf den Teich ragt, tut schließlich sein Übriges und zeichnet den Pfanntalsteich als ideale Fotolocation aus.

Wem das Fotografieren allein zu langweilig ist, der sollte dem Pfanntalsteich unbedingt im Winter einen Besuch abstatten. Dann sorgt Schnee nicht nur für zusätzliche Wow-Effekte, sondern auch für eine Extraportion Spaß. Direkt am Pfanntalsteich vorbei führt nämlich Thüringens längste Naturrodelbahn. Der Start der zwei Kilometer langen und durchaus anspruchsvollen Strecke befindet sich am Oberhofer Rondell, die Zieleinfahrt wenige Meter unterhalb des Teichs. Von dort aus bringt ein Shuttelbus die waghalsigen Rodler wieder zurück zum Ausgangspunkt.

Doch auch zu jeder anderen Jahreszeit hat dieser Glücksort im Herzen des Thüringer Waldes selbstverständlich seinen ganz besonderen, einzigartigen Charme. Wer im Sommer hofft, sich hier eine kleine Erfrischung abholen zu können, muss jedoch enttäuscht werden. Das Baden im Pfanntalsteich ist streng verboten. Doch im Wald ist es ja sowieso immer etwas kühler.

TIPP
Vom nahe gelegenen Bärenstein aus kann man den Oberhofer Bahnhof von oben betrachten.

- Pfanntalsteich, Am Bahnhof, 98559 Oberhof
- ÖPNV: Bus 423, Haltestelle Oberhof, OT Bahnhof (ca. 500 m zu Fuß)

Friedlicher Wald

27 Urlaub im Feriendorf „Waldfrieden" bei Suhl

Es ist wahrlich kein Geheimnis, dass Wälder eine ganz besondere, überaus beruhigende Wirkung auf uns Menschen haben und nicht zuletzt deswegen immer wieder als Zufluchts- und Sehnsuchtsorte herhalten dürfen. Es ist also nur konsequent, dass es im Thüringer Wald zahlreiche Optionen gibt, zwischen Bäumen zu übernachten und somit den erdenden Effekt dieser Gewächse mit ins Land der Träume zu nehmen.

Das Feriendorf „Waldfrieden" am Rande von Suhl bietet eine solche Option. Hier, wo der Name zweifelsfrei Programm ist, stehen mehrere kleine Bungalows im Wald verteilt, die nur darauf warten, ihren Gästen erholsame Nächte zu bescheren. Doch auch bei Tag steht die Regeneration von Körper, Geist und Seele ganz weit oben auf dem Programm. Wer möchte, kann im Feriendorf alles erleben, was das Urlauberherz begehrt – von Wellness über sportliche Aktivitäten bis hin zum stilechten Lagerfeuerabend. Gerade große Gruppen – ob nun Familien, Vereine oder Wanderfreunde –, die gemeinsam ein paar schöne Tage in der Natur verbringen wollen, sind im Feriendorf „Waldfrieden" genau an der richtigen Adresse. Hier können alle zusammen aktiv werden und sich gleichzeitig in den Bungalows zurückziehen.

Einige dieser Behausungen haben übrigens im Zuge des Suhler Streetartprojekts „Aero Suhl" 2021 einen neuen Anstrich verpasst bekommen – und zwar im wahrsten Sinne des Wortes. Die Betreiber des Feriendorfes haben ihre Hütten regionalen Graffitikünstlern als Leinwand zur Verfügung und somit einmal mehr unter Beweis gestellt, dass im oft etwas eingestaubt dargestellten Thüringer Wald längst ein frischer Wind weht. Auch wenn hier Traditionen nach wie vor hochgehalten werden, kann man an immer mehr Orten – wie beispielsweise dem „Waldfrieden" bei Suhl – beobachten, wie Menschen neue Wege einschlagen, ihren eigenen Horizont erweitern und die Welt nicht nur sprichwörtlich ein großes Stück bunter machen. Was für ein Glück, dass es solche Orte gibt.

- Feriendorf „Waldfrieden", Schleusinger Straße 117, 98527 Suhl, Tel. (0 36 81) 72 24 17, www.waldfrieden-suhl.de
- ÖPNV: Bus 200, 201, 203, A/G, G, H, Haltestelle Friedberg Umspannwerk (ca. 500 m zu Fuß)

Köstlicher Herbstschmuck

28

Ein Ausflug zur Esskastanie in Kittelsthal

Wenn sich im Herbst die Blätter ganz allmählich bunt färben und ein zunehmend kühler Wind weht, machen sich vor allem die Kleinsten unter uns gern auf die Jagd nach Schätzen der Natur. Besonders gefragt sind hierbei Kastanien. Herrlich glatt und rund liegen sie nicht nur gut in der Hand, sondern bieten auch unzählige Bastel- und Gestaltungsmöglichkeiten. Was jedoch nur wenige wissen: Es gibt sogar Kastanien, die nicht nur den Tieren im Wald, sondern auch uns Menschen ziemlich gut schmecken.

Die Edelkastanie ist ein Baum, an dem die meisten – trotz des klangvollen Namens – achtlos vorbeigehen. Dabei sind ihre Früchte, die Maronen, ein köstlicher Snack, den so mancher vielleicht vom Weihnachtsmarkt kennt. Doch während hier eine Tüte ofenfrischer Esskastanien gut und gern fünf Euro kostet, gibt es sie in der Natur völlig kostenlos. Fans der aromatischen Nüsse müssen nur wissen, wo sie diese finden können – ein Umstand, den man als Schwierigkeit und Reiz zugleich bezeichnen kann. Ein Ort im Thüringer Wald, an dem Sammler fündig werden, ist die Tropfsteinhöhle Kittelsthal. Nur einen Steinwurf von dieser Sehenswürdigkeit entfernt, steht eine mittelgroße Esskastanie, die im Herbst ihre leckeren Früchte abwirft. Da diese eine äußerst stachelige Hülle haben, empfiehlt es sich, beim „Ernten" eventuell ein paar derbere Handschuhe anzuziehen. Zu Hause müssen die „entstachelten" Maronen dann nur noch kreuzförmig angeritzt und bei 200 Grad für ca. zehn Minuten im Backofen geröstet werden. Sie sind bereit für den Verzehr, wenn sich die Schale hebt und gut vom Inneren der Nuss lösen lässt.

TIPP
Gekochte Esskastanien lassen sich mit Zwiebel, Sahne und Gewürzen fix in eine cremige Suppe verwandeln.

Wer einmal den Weg zur Esskastanie auf sich nimmt – keine Angst, das klingt anstrengender, als es ist! –, kann bei dieser Gelegenheit auch gleich noch der Tropfsteinhöhle einen Besuch abstatten und den herrlichen Blick über Kittelsthal genießen. In der benachbarten Gaststätte gibt es außerdem köstlichen Kuchen wie bei Oma, der den kleinen, feinen Sonntagsausflug perfekt macht.

- Esskastanie an der Tropfsteinhöhle, Tropfsteinhöhlenweg, 99842 Kittelsthal
- ÖPNV: Bus 144, Haltestelle Kittelsthal, Ort (ca. 1 Kilometer zu Fuß)

Verpackungsfrei glücklich

29 Caros Hofladen in Zella-Mehlis

Einkaufen wie zu Uromas Zeiten, ausgestattet mit Einkaufsnetz und Schraubgläsern, ist vor allem in Deutschlands Großstädten längst kein schnelllebiger Trend mehr. Das Konzept der sogenannten Unverpackt-Läden überzeugt in vielerlei Hinsicht – denn neben dem Nostalgie-Faktor ist der Verzicht auf Kunststoff-Verpackungen natürlich ein wichtiger Beitrag zum Umweltschutz. Obendrauf ermöglicht es das Abfüllen loser Waren wie Mehl, Müsli und Nudeln, dass man nur genau die Mengen kauft, die man auch wirklich benötigt – egal ob als Single oder Großfamilie.

Dass Themen wie Lebensmittelverschwendung, Verpackungswahn und Co. auch im ländlichen Raum ernst genommen werden, stellt zum Beispiel Carolin Brunngräber unter Beweis. Nachdem die Zella-Mehliserin Mutter geworden war, fand in ihr ein Umdenken statt: weg vom achtlosen Konsum hin zu mehr Bewusstsein. Aus dem „meinem Kind zuliebe" wurde rasch ein „allen zuliebe", und so entstand die Idee für Caros Hofladen. Hier findet der Kunde nahezu alle Produkte des täglichen Gebrauchs – angefangen bei frischem Obst und Gemüse aus der Region über zahlreiche Lebensmittel und Gewürze, die sich in mitgebrachte oder vor Ort vorhandene Gefäße füllen lassen, bis hin zu einem überraschend breiten Hygiene- und Kosmetiksortiment.

TIPP

Neben den Suppen gibt es auch andere, wechselnde Snacks wie Fischbrötchen und Desserts im Laden.

Die Atmosphäre im Laden ist warm und wuselig. Man kennt sich hier in der Kleinstadt, nutzt den Einkauf gern für den schnellen Austausch von Neuigkeiten und unterstützt sich gegenseitig, wo es nur geht. Während der eine die alte Handbrotschneidemaschine vom Dachboden vorbeibringt, die herrlich zur restlichen Vintage-Deko im Schaufenster von Caros Hofladen passt, steuert die andere mit ihrem Einkaufskorb zielsicher zum Seifenregal oder zur Gemüseabteilung. Was hier übrig bleibt und nicht mehr verkauft werden kann, landet übrigens keinesfalls im Müll. Immer mittwochs und freitags ist in Caros Hofladen Suppentag – die beste Gelegenheit, um schrumpelige Möhren und schlaffen Lauch doch noch zu verwerten.

- Caros Hofladen, Louis-Anschütz-Straße 1, 98544 Zella-Mehlis, Tel. (01 71) 8 72 80 62
- ÖPNV: Bus B, B/F, Haltestelle Zella-Mehlis, Mehlis Markt

Gerstengraupen
Graupen grob
Langkorn-
Spitzenreis

Handwerkliche Zeitreise

30 Metallhandwerksmuseum in Steinbach-Hallenberg

Das Leben im Thüringer Wald gestaltete sich nicht immer so wie heute. In der felsigen Region war (und ist) Landwirtschaft nur schwer möglich, sodass die Menschen anfingen, Schätze unter der Erde zu suchen anstatt sie darauf anzubauen. Ein Rohstoff, auf den die Bergmänner schnell und in großen Mengen stießen, war Eisenerz. Die reichen Vorkommnisse sorgten für einen – dringend notwendigen – wirtschaftlichen Aufschwung in der Region, denn das Eisenerz wurde nicht nur abgebaut, sondern auch verhüttet (sprich in Roheisen „verwandelt") und schließlich verarbeitet. So kam es, dass beispielsweise Steinbach-Hallenberg nördlich von Suhl, ab dem 15. Jahrhundert ein wahres Zentrum des Kleineisengewerbes wurde. Was genau das bedeutet, kann der interessierte Besucher heute im Metallhandwerksmuseum der Kleinstadt erfahren.

TIPP

Von Frühjahr bis Herbst erfreut ein üppiger Bauerngarten auf dem Museumsgelände die Besucher.

Hier, im verwinkelten Bauernhaus mit seinen knarzenden Dielen, den detailreich ausgestatteten Korkenzieher- und Feilenwerkstätten sowie einer schummrig beleuchteten Nagelschmiede, wird Geschichte erlebbar. Denn neben klassischen Ausstellungselementen und interaktiven Mitmach-Angeboten bietet das Metallhandwerksmusem von Steinbach-Hallenberg auch die Möglichkeit, die Kunst der Metallverarbeitung hautnah mitzuerleben. Beim Schauschmieden zeigt der Schmied nicht nur, wie Nägel und Korkenzieher hergestellt werden. Er übergibt seinen Hammer auch gern den Zuschauenden und lässt diese an den Amboss treten. In der engen Werkstatt mit ihrem lodernden Eckfeuer und den unzähligen Werkzeugen an der Wand bekommt man schnell ein Gefühl dafür, wie es damals, vor Hunderten von Jahren wohl gewesen sein muss, seinen Lebensunterhalt in der kargen Gegend des Thüringer Waldes zu verdienen.

Geschenkt wurde den Menschen dieser Region definitiv nichts. Doch trotzdem haben sie es geschafft, hier auf ihre Weise glücklich zu werden – und obendrauf auch Weltruhm zu erlangen. Denn Korkenzieher aus Steinbach-Hallenberg waren auch im Ausland sehr gefragt.

- Metallhandwerksmuseum, Hauptstraße 45, 98587 Steinbach-Hallenberg, Tel. (03 68 47) 4 10 65, www.metallhandwerksmuseum.de
- ÖPNV: Bus 447, 454, Haltestelle Bismarckstraße (210 m zu Fuß)

Weite Weidelandschaft

31 Auf Safari in der Thüringeti bei Crawinkel

Im verschlafenen Örtchen Crawinkel am nördlichen Rand des Thüringer Waldes kann gelebte Gemütlichkeit bestaunt werden. Das Dorf mit seinen rund 1500 Einwohnern liegt zwar nur zehn Kilometer von Oberhof entfernt, hat aber mit Wintertourismus und Co. reichlich wenig am Hut. Statt Aprés-Ski gibt es hier etwas ganz anderes, für viele völlig Unerwartetes zum Bestaunen – nämlich die sogenannte Thüringeti, eine etwa 2500 Hektar große Weidefläche, auf der ganzjährig verschiedenste Tiere leben. Das Bemerkenswerte: Die unterschiedlichen Rinder- und Pferderassen, Schafe, Ziegen, Esel und sogar einige Lamas fressen sich in der weitläufigen Landschaft nicht nur satt und hinterlassen ihre Stoffwechselendprodukte, sie „bewirtschaften" die Thüringeti regelrecht und fördern somit die Biodiversität vor Ort. Im Fachjargon nennt man das Ganze dann auch nachhaltige Landwirtschaft – und zwar made in Thüringen.

Interessierte, die diese hautnah erleben möchten, haben Glück, es ist nämlich auf ganz unterschiedliche Arten möglich. Auf eigene Faust lässt sich die Thüringeti am besten mit dem Fahrrad erkunden. Der Bach-Radweg, der verschiedene Wirkungsstätten Johann Sebastian Bachs miteinander verbindet, quert auch die ausgedehnte Thüringeti mit ihren grasenden Kühen und bekommt dadurch einen Hauch von Wildwestromantik verliehen. Es würde vermutlich niemanden wundern, wenn plötzlich ein Cowboy vorbeikommt und mit einem freundlichen „Howdy!" grüßt. Auch Wanderer und Reiter sind auf den Wegen unterwegs und genießen den wohltuenden Blick in das weite Weideland. Wer das vollumfängliche Safari-Erlebnis genießen will – „Thüringeti" ist schließlich nicht umsonst ein Kofferwort, bestehend aus „Thüringen" und „Serengeti" –, kann auch eine geführte Tour buchen. Als fahrbare Untersätze stehen nicht nur Kutschen und stilechte Geländewagen bereit, sondern auch ein originaler US-Schulbus in leuchtendem Gelb. Es ist doch wirklich erstaunlich, was man alles im Thüringer Wald erleben kann.

- Thüringeti, Gosseler Straße, 99885 Crawinkel, Tel. (0 36 24) 31 49 14
www.agrar-crawinkel.de
- ÖPNV: Bus 360, Haltestelle Crawinkel, BHG (ca. 500 m zu Fuß)

Genuss in Reinform

32 Die vielfältige Welt vom Tee-Eck in Ilmenau

Es soll ja Geschäfte geben, denen man schon beim Betreten anmerkt, dass sie ein besonderer Juwel sind. Die dazu einladen, sich umzusehen, die das Bedürfnis wecken, Neues zu entdecken; und die in Sekundenschnelle genügend Gesprächsstoff für ein nettes Pläuschchen mit dem Inhaber oder der Inhaberin bieten. Das Tee-Eck in Ilmenau, nur einen Katzensprung vom sitzenden Goethe auf seiner Bank am Markt entfernt, ist ein solches Geschäft – und mit mehr als 20 Jahren „auf dem Buckel" eine waschechte Institution, auch wenn Inhaber Jens Voigt das niemals über sich selbst sagen würde. Stolz präsentiert der Genussexperte in seinem Laden mehr als 400 (!) verschiedene Teesorten vom klassischen Schwarztee über Biotees bis hin zu eigenen Abmischungen. In den hölzernen Regalen finden sich auch ausgewählte Spirituosen, Teezubehör, feine Schokolade, Marmeladen, Honig und noch so vieles mehr. Es ist ein wahres Sammelsurium der Köstlichkeiten, das nicht nur Genuss auf höchstem Niveau, sondern auch beste Qualität verspricht. Um diese zu wahren, kommt es durchaus auch mal vor, dass Herr Voigt eine neue Schokolade, die ins Sortiment aufgenommen werden soll, auf Herz und Nieren prüft und beispielsweise die darin enthaltenen Hagebuttenstückchen zählt. Entspricht das Ergebnis nicht seinen Ansprüchen, wird das Naschwerk gnadenlos abgelehnt.

TIPP
Auch in Eisenach gibt es ein Tee-Eck, das von Jens Voigts Sohn Torsten geführt wird.

Der absolute Verkaufsschlager im Portfolio des Tee-Ecks ist im Übrigen „Ilmenau Himmelblau", ein Kräutertee, der nicht nur auf die Schönwetterlage der Stadt und eine gleichnamige Marketingkampagne anspielt, sondern schlichtweg eine Wohltat für die Geschmacksknospen ist. Obendrein stellt er – ebenso wie der „Ilmenauer Himmelstrunk", ein Früchtetee aus der Voigt'schen Abmischung – ein tolles Mitbringsel dar, das, wie Jens Voigt weiß und auch gern verkündet, mittlerweile in der ganzen Welt getrunken wird. Es gibt sogar Menschen, die extra nach Ilmenau kommen, um hier ein Päckchen (oder vielleicht auch gleich ein paar mehr) des köstlichen Tees zu kaufen.

- Tee-Eck, Marktstraße 19, 98693 Ilmenau, Tel. (0 36 77) 46 18 54
www.tee-eck.de
- ÖPNV: Bus C, Haltestelle Weimarer Straße

Sagenhafte Wanderung

33 Pummpälzweg von Eisenach nach Bad Salzungen

Eine alte Thüringer Sage erzählt Wanderern davon, dass sie sich vor dem Pummpälz in Acht nehmen sollen. Dieser freche Kobold wartet, gut versteckt im Unterholz sitzend, auf Vorbeilaufende und springt den nichts ahnenden Wandersleuten in den Nacken, um sich von ihnen ein Stück des Weges tragen zu lassen. Obwohl es so klingt, als wäre dieser Pummpälz ein eher unangenehmer Zeitgenosse – geht es ihm nicht schnell genug, verpasst er seinen Trägern gern auch mal ein paar Ohrfeigen –, wurde ihm im Jahr 2001 sogar ein eigener Wanderweg gewidmet.

Der Pummpälzweg beginnt am Fuße der ehrwürdigen Wartburg, unterhalb der Fallbrücke, und führt über 27 Kilometer bis zur Burgruine Frankenstein bei Bad Salzungen. Unterwegs passieren die Wanderer allerhand sehenswerte Orte wie die Sängerwiese, die Rennsteiggrotte oder auch den Berg Kissel. Sogar der Rennsteig wird von der „Wilden Sau" bis zum Ottowald beschritten. Doch als wären die Naturschönheiten des Thüringer Waldes noch nicht Motivation genug, diesen traumhaften Weg zu wandern, finden sich entlang der Strecke zusätzlich 22 imposante Holzskulpturen. Diese sollen nicht bloß schön aussehen, sondern den Vorbeiwandernden auch die Thüringer Sagenwelt näherbringen. Diese hat nämlich noch viel mehr zu bieten als nur den lauffaulen Pummpälz mit seiner Vorliebe für menschliche Fortbewegungsmittel. Von einer Skulptur zur nächsten laufend, die umliegende Landschaft mit ihren Hügeln, Wiesen und Felsen genießend und zwischendurch ein Liedchen pfeifend, können geübte Wanderer den Pummpälzweg durchaus an einem Tag bewältigen. Allen anderen wird empfohlen, einen Übernachtungsstopp – beispielsweise in Ruhla – einzulegen oder den Weg immer etappenweise zu wandern. So oder so: Schön ist es allemal auf dem Pummpälzweg – erst recht, wenn man bedenkt, dass Sagen eben doch nur Sagen sind und man sich nicht vor einem kleinen, gemeinen Kobold fürchten muss.

TIPP
Entlang des Pummpälzweges gibt es etliche digitale Stempelstellen – auch „Digipälz" genannt.

- Pummpälzweg, Beginn unterhalb der Wartburg, 99817 Eisenach
www.pummpaelz.de
- ÖPNV: Bus 3, Haltestelle Wartburg

Alles im Energiefluss

34 Erholung in der Ferienhaus-Lichtung in Ruhla

Kleine Bachläufe, die sich zwischen Bäumen hindurchschlängeln, ein idyllischer Teich, auf dessen Oberfläche die Sonne glitzert, schmale Pfade und ein breites Grinsen – die Ferienhaus-Lichtung am Rande von Ruhla ist ein Ort, an dem die Seele so richtig baumeln kann. Hier, wo sich 26 moderne Ferienhäuser an die Hügel des Thüringer Waldes schmiegen, wurde nichts dem Zufall überlassen. Alles – von der Einrichtung der Häuser bis hin zu ihrer Ausrichtung – folgt der Harmonielehre Feng Shui und sorgt somit für den optimalen Energiefluss. Beste Voraussetzungen für die, die hier in der verschlafenen Bergstadt Ruhla Erholung vom stressigen Alltag suchen, der Natur möglichst nah sein und dabei trotzdem nicht auf diverse komfortable Extras verzichten wollen.

TIPP

Auf dem Gelände der Anlage gibt es zwei Ladestationen für Elektroautos.

Die Ferienhausanlage hat eine Fünf-Sterne-Zertifizierung und wartet mit zahlreichen Highlights auf. Yoga, Massagen, Privatkoch – all diese Verwöhnprogrammpunkte kann man in der Ferienhaus-Lichtung zusätzlich buchen, um einen ohnehin schon großartigen Urlaub noch großartiger zu machen. Gäste, die neben Entspannung auch Aktivität suchen, können außerdem E-Mountainbikes mieten und im Sommer im benachbarten Freibad kostenlos ihre Bahnen ziehen. Dass es hier, nur wenige Gehminuten vom Rennsteig entfernt, außerdem unzählige Wandermöglichkeiten gibt, sollte selbstredend sein. Und auch Kulturinteressierte finden in der Gegend viele verschiedene Möglichkeiten, ihren Durst nach neuen Eindrücken zu stillen – beispielsweise in der benachbarten Wartburgstadt Eisenach.

Am Ende (oder Anfang) eines jeden perfekten Urlaubstages im Thüringer Wald lädt die private Sauna dazu ein, die Gedanken auf „stumm“ zu schalten und stattdessen einfach nur die Schönheit des Moments zu genießen. Das funktioniert ebenso gut am wohlig knisternden Kamin oder mit einer Tasse Kaffee in der Hand, auf der Terrasse sitzend. Ankommen, runterkommen, wiederkommen – eventuell sind das die drei Wörter, die die Ferienhaus-Lichtung am einfachsten beschreiben.

- Ferienhaus-Lichtung, Altensteiner Straße 34, 99842 Ruhla, Tel. (03 69 29) 79 96 30 www.ferienhaus-lichtung.de
- ÖPNV: Bus 140, 142, Haltestelle Ruhla, Schwimmbad

Peru so nah

35 Alpaka-Glück am Rennsteig

Wer schlendert gemütlich durch Nacht und Wind? Es sind die Alpakas aus Masserberg, und sie reiten alles andere als geschwind. Zum Glück ist das bei einer Alpaka-Wanderung auch gar nicht das Ziel. Alpakas sind schließlich friedliche und menschenfreundliche Zeitgenossen.

Es war die Liebe zu den gutmütigen Tieren und eine Reise nach Peru, dem Heimatland der Alpakas, welche die Besitzerin Simone Stoy dazu bewegten, in ihrem Zuhause am Rennsteig geführte Touren mit Alpakas anzubieten. Bei einer anderthalb- bis dreistündigen Runde durch die Natur und mit einem friedlichen Alpaka an seiner Seite vergisst man schnell seine Alltagssorgen und kommt dank dem kuscheligen Begleiter schnell zur Ruhe. Simones kleine Alpakaherde besteht aus sechs Tieren namens Al Pacino, Paul, Charly, Edwin, Chewpaca und Momo. Jedes Alpaka besitzt einen ganz eigenen Charakter. Mal verspielt und verträumt, mal verfressen und verkuschelt – ein Spaziergang mit den flauschigen Wegbegleitern ist ein unvergessliches Erlebnis.

Auf Alpakatour kann man sich übrigens zu jeder Jahreszeit begeben. Im Winter gibt es bei klirrender Kälte nichts Schöneres, als die Hände im dicken wärmenden Fell der Tiere zu vergraben. Im Sommer genießt man zusammen mit den Tieren den angenehmen Schatten zwischen den Nadelbäumen des Thüringer Waldes. Und wer auf dem Spaziergang ab und zu in die großen Knopfaugen mit den langen Wimpern schaut, hat schnell sein Herz verloren.

Unterwegs mit der kleinen Herde merkt man schnell, worauf es bei der Wanderung eigentlich ankommt: den Moment zu genießen. Statt rasch durch den Wald zu stapfen, muss man sich hier auf die Bedürfnisse der Tiere einstellen. Da kann es schon mal sein, dass ein Alpaka unterwegs aufs stille Wald-Örtchen muss oder einfach keine Lust hat, den Berg hinaufzulaufen. Alpakas sind in dieser Hinsicht ganz wie wir Menschen, jeder hat sein eigenes Köpfchen. Die Wanderung steht deswegen ganz unter dem Motto „Der Weg ist das Ziel".

● AlpakaTouren am Rennsteig, Prof.-Georg-Lenz-Straße 4, 98666 Masserberg, Tel. (01 70) 3 02 29 59, www.alpakatouren-rennsteig.de
Parkplatz am Café & Hotel Daheim
● ÖPNV: Bus 203, 206, 207, 209, 508, Haltestelle Masserberg

Almfeeling in Thüringen

36 Die gemütliche Fuchsfarm bei Steinach

In einem kleinen Tal, umgeben von grünen Wiesen und dunklen Tannen zwischen den Dörfern Mengersgereuth-Hämmern und Steinach, liegt die Gaststätte Waldfrieden. Von den Einheimischen wird sie jedoch liebevoll „Fuchsfarm" genannt. Vielleicht, weil sich hier wortwörtlich Hase und Fuchs „Gute Nacht" sagen? Langweilig ist es an diesem heimeligen Ausflugsziel aber keineswegs. In der Fuchsfarm gibt es leckere Hausmannskost und am Wochenende mindestens drei verschiedene Sorten selbst gebackenen Kuchen. Der Kassenschlager ist das „Kaasbrot". Ein deftiges Käsebrot mit aromatischem Harzer Käse, welchen die Besitzer im eigenen Felsenkeller lagern. Mit einem kühlen Bier oder einer Limonade kann man es sich dann in der urigen Wirtsstube oder auf dem Gelände der Fuchsfarm gemütlich machen. Auch für die Kleinen ist jede Menge Abwechslung geboten. Sie können sich auf dem verwunschenen Waldspielplatz austoben oder auf dem kleinen Karpfenteich vor dem Haus Floß fahren. Besonders im Winter ist die Fuchsfarm ein beliebter Treffpunkt für Wintersportler. Gleich hinter dem Haus befindet sich ein ausladender Rodelhang von dem man, angefangen bei einer kleinen Hütte am Wegesrand, den kompletten Abstieg hinab zur Farm rodeln kann. Ob Schlittenfahrer oder Langlaufexperte, hier wärmt man sich mit einer heißen Schokolade oder einem Glühwein in der kalten Jahreszeit am liebsten auf.

Die Inhaber der Fuchsfarm, Familie Kraus, wohnen schon seit vielen Jahren im großen Haupthaus, das auch schon vor der Wende eine Gaststätte war. Das Ehepaar teilt sich die Aufgaben: Inge backt und bereitet die Speisen zu, während Jürgen ausschenkt und Bestellungen entgegennimmt. Diese werden übrigens noch nach alter Manier auf die Rückseite eines Bierdeckels geschrieben und dem Abholer mitgegeben. Es kann ja schließlich sein, dass nach einem Käsebrot noch Lust auf mehr ist.

Auf jeden Fall ist die Fuchsfarm ein ganz besonderer Wohlfühlort im Thüringer Wald mit einer Extraportion Heimatgefühl.

- Gaststätte Waldfrieden Fuchsfarm, Steinbächlein 77, 96523 Steinach, Tel. (03 67 62) 3 29 05
- ÖPNV: Bus 705, 706, Haltestelle Steinach, Marktplatz (2 Kilometer zu Fuß); Bus 702, 772, H2, Haltestelle Mengersgereuth-Hämmern, Hämmern Grundschule (2,6 Kilometer zu Fuß)

Pure Landidylle

37 Feriendomizil Schloss Bedheim bei Römhild

Ein Aufenthalt auf der Gutsanlage Schloss Bedheim ist in etwa so, wie man sich das idyllische Leben auf dem Land vorstellt. Ein romantisches Barockschloss, eine Schlossgärtnerei mit weitläufiger Apfelbaumplantage und ein gemütliches Gartencafé – ein Ort voller Leben und Kreativität. Denn die Menschen hier leben und arbeiten zusammen.
Die Schlossanlage gehört zu den wenigen in Thüringen, die immer noch in Familienbesitz sind. Sie beherbergt über zwanzig Personen. Zu ihnen zählen auch Schlossherr Florian Kirfel-Rühle und Partnerin Anika Gründer. Die beiden Architekten haben es sich zur Aufgabe gemacht, mit innovativer Baukultur aktiv die Region zu fördern, angefangen beim eigenen Schloss. Mit dem Architekturbüro „Studio Gründer Kirfel" haben sie schon verschiedenste Projekte auf der Gutsanlage umgesetzt. Dazu gehört auch die Remise „Sch(l)afstall", welche auf den Grundmauern eines alten Schafstalls errichtet wurde. Geschaffen wurde ein Ort, der sich nicht nur perfekt in die Ästhetik der Schlossanlage eingliedert, sondern auch mehr Raum für längere Aufenthalte auf dem alten Rittergut schafft. Und obwohl beim Umbau viel mit Holz gearbeitet wurde, ist vom alten Schafstall nichts mehr zu erkennen. Die lichtdurchfluteten Räume sind in schlichte Weiß- und Naturtöne gehüllt, welche eine ganz besondere Wohlfühlatmosphäre schaffen. Die Nutzung des Sch(l)afstalls ist für zehn bis zwölf Personen angedacht, perfekt also für Familien-Reunions, Kreativkurse oder eine ausgiebige Workation auf dem Land.
Die wohl beste Zeit für einen Besuch auf Schloss Bedheim sind die Sonntage von Mai bis Oktober. Denn dann hat das Gartencafé geöffnet und wartet mit selbst gebackenen Kuchen und frischem Obst und Gemüse aus der solidarischen Landwirtschaft der Schlossgärtnerei auf. Beim Sommerkino und bei regelmäßigen Konzerten haben Besucher auch die Möglichkeit, die wunderbare Atmosphäre im Inneren des Barockschlosses zu genießen und ganz im Moment zu leben.

- Schloss Bedheim, Dr.-Rühle-von-Lilienstern-Straße 28, 98646 Römhild, Tel. (0 36 85) 40 50 30, www.schloss.bedheim.de
- ÖPNV: Bus 217, 218, 220, Haltestelle Bedheim/Ort (350 Meter zu Fuß)

Thüringens Little Canada

38 Abenteuer an der Talsperre Schmalwasser

Endlose Wanderwege, prickelnde Höhen, türkisfarbenes Wasser und rauschende Tannen – begeht man den Rundweg um die Talsperre Schmalwasser, könnte man fast meinen, einen Kurztrip ins weit entfernte Kanada unternommen zu haben. Der Wanderweg überrascht seine Besucher mit fesselnden Aussichten auf die Trinkwassertalsperre mit dem höchsten Staudamm Deutschlands. Im Winter wie im Sommer bietet die Strecke in der Nähe von Tambach-Dietharz seinen Besuchern das ein oder andere Abenteuer. Die beeindruckende Szenerie, welche sich Wanderern auf der rund vierzehn Kilometer langen Tour eröffnet, ist fast zu schön, um wahr zu sein. Der einzige Wermutstropfen: In der Trinkwassertalsperre ist Baden leider nicht erlaubt. Bedenkt man aber die vielen Highlights, die eifrige Wanderer auf ihrem Weg um die Talsperre erwarten, ist die Enttäuschung über das fehlende Badevergnügen schnell verflogen.

Vom Rastplatz „Meister-Eckhart-Blick“ und vom „Altenfels“ kann man nicht nur eine beeindruckende Aussicht genießen, sondern auch ein bisschen Bergluft schnuppern. Das Gefühl, sich auf dem Gipfel eines Berges zu befinden, kommt nicht von irgendwoher, denn am Anfang der Tour geht es zuerst neunhundert Meter bergauf. Davon abgesehen, ist der Rest der Strecke jedoch keine große Herausforderung und kann von jedem Wanderfreund gemeistert werden.

Weitere Highlights auf der Route sind die Aussicht auf den Inselsberg und der Weg durch das „Röllchen“. Eine kleine Schlucht mit Naturbach, in dem man die müden Füße wunderbar abkühlen kann. Wem die Wanderung um die Talsperre noch nicht abenteuerlich genug ist, sollte sich ein Datum fett in den Kalender eintragen: die Grundentleerung der Talsperre, bei der die sonst so friedlichen Flüsse Apfelstädt und Schmalwasser zu reißenden Strömen werden. Auf der fast vier Kilometer langen, höchst anspruchsvollen Strecke ist zu diesem Zeitpunkt Wildwasser-Rafting möglich. Wer sich nicht zu den Adrenalinjunkies zählt, kann sich das Spektakel auch aus sicherer Entfernung anschauen.

- Talsperre Schmalwasser, Oberhofer Straße, 99897 Tambach-Dietharz
- ÖPNV: Ab Bf. Gotha Bus 851, Haltestelle Tambach-Dietharz, Bahnhofsstraße (2 Kilometer zu Fuß)

Auf den Spuren der Kelten

39 Historischer Aufstieg zum Kleinen Gleichberg

Wer sich zu den südlichen Ausläufern des Thüringer Waldes im Landkreis Hildburghausen begibt, sieht sie schon von Weitem – die Gleichberge. Zwei beeindruckende Erhebungen vulkanischen Ursprungs. Dass es sich mit einem kilometerweiten Blick über die sanfte Hügellandschaft besonders gut leben lässt, fanden vor über 7.000 Jahren auch die Kelten. Man mag es kaum glauben, aber der kleine Gleichberg, auch Steinsburg genannt, war vor vielen Jahren eine keltische Hochburg. Zum Schutz gegen die Germanen errichteten die Kelten in ganz Deutschland Höhenburgen. Der kleine Gleichberg war einer dieser Standorte, welcher damals bis zu dreitausend Menschen beherbergte. Der Name dieser antiken Stadt soll „Bicourgion" gewesen sein; sie ist die älteste Siedlung Thüringens. Für Geschichtsfans und Interessierte ist die heute als „Oppidum Steinsburg" bekannte Siedlung eine wahre Fundgrube. Das Highlight: Noch immer sind Überreste der ehemaligen Siedlung auf dem kleinen Gleichberg erhalten. Diese können eifrige Entdecker eingehend untersuchen und über deren Geschichte fachsimpeln.

Das eigentliche Abenteuer soll auf dem kleinen Gleichberg natürlich auch nicht zu kurz kommen. Man kann nämlich über die Ruinen klettern, neue Geheimverstecke finden oder ganz gemütlich den Picknickkorb auspacken. Und auch wenn das beliebte „Kelten-Mekka" an sonnigen Tagen gut besucht ist, findet man leicht ein stilles Plätzchen, an dem man ganz für sich ist und die Aussicht auf das Umland und den gegenüberliegenden großen Gleichberg genießen kann. Ein weiterer Grund für eine Wanderung auf den kleinen Gleichberg ist die entspannte Strecke hinauf zum Berggipfel. Während viele Anstiege im Thüringer Wald recht anspruchsvoll sein können, ist der sanfte Pfad hinauf zum Oppidum Steinsburg eine willkommene Abwechslung.

- Kleiner Gleichberg, westlich von Hildburghausen
- ÖPNV: Ab ZOB Hildburghausen Bus 221, Haltestelle Waldhaus Römhild (2 Kilometer zu Fuß)

Filigranes Handwerk

40 Kunst hautnah erleben im Glaswerk Atelier

Der kleine Ortsteil Schneidemühle im Landkreis Sonneberg scheint auf den ersten Blick nur wie ein unscheinbares Straßendorf. Im wohl beeindruckendsten ansässigen Gebäude, dem alten Glaswerk, versteckt sich jedoch ungeahnte Kreativität. Hier wohnt das Künstlerehepaar Susan Liebold und Ronny Koch, Inhaber des „Glaswerk Ateliers". Susan Liebold wuchs auf dem Gelände des alten Glaswerks auf; dieses beherbergte die Glaswerkstatt ihrer Eltern. Dort entdeckte die Künstlerin ihre Liebe zum Glasdesign und eignete sich das Handwerk schon in frühen Kindheitstagen selbst an. Heute zählt sie zu den gefragtesten Glasdesignerinnen Deutschlands. Nach dem Studium beschloss die Künstlerin zusammen mit ihrem Mann, wieder in die Heimat zurückzukehren. Sie übernahmen das Café ihrer Eltern im alten Glaswerk und integrierten ein Atelier für ihre Glaskunst.

Entstanden ist ein einzigartiger Ort voller Details und versteckter Geschichten. Besucher des Ateliers merken schnell, dass Susan Liebolds Glaskunst nicht mit dem traditionellen Glasschmuck aus der Region zu vergleichen ist. Die feingliedrigen, kleinteiligen Installationen im Atelier umfassen Elemente aus der Natur und der Biologie. Mit durchdachten Lichtinstallationen verhilft Ronny Koch den Objekten seiner Frau noch einmal zu einem ganz einzigartigen Zauber. Das Paar erschafft so Objekte voller Harmonie und Leichtigkeit. Sie laden Besucher des Ateliers dazu ein, gemeinsam das Fantastische aufzuspüren und an die Oberfläche zu holen.

Neben den Räumlichkeiten des alten Glaswerks und den Kunstobjekten sind es die Leidenschaft zur Kunst und die Gastfreundschaft der beiden, welche das Glasatelier zu einem einzigartigen Glücksort machen. Dem Ehepaar ist es gelungen, mit der Erhaltung des ehemaligen Cafés und ihrer liebevollen Art die Barriere zur Kunst sehr niedrig zu halten. Hat das Café geöffnet, fühlen sich nicht nur Kunstliebhaber im Glaswerk Atelier wohl, sondern auch Einheimische. Und das liegt nicht nur an Ronny Kochs selbst gebackenem Kuchen.

- Glaswerk – Liebold Glas, Sonneberger Straße 41, 96515 Sonneberg, Tel. (03 67 62) 81 77, www.glaswerk-atelier.de
- ÖPNV: Ab Bf. Steinach Bus 706, Haltestelle Schneidemühle

Kaffee und Vintage-Flair

41 Sonnebergs Altstadt genießen im Café Sputnik

Eine willkommene Abwechslung in Sonnebergs sonst so traditioneller Gastroszene ist das Café Sputnik. Am kleinen Markt, in der pittoresken Altstadt gelegen, verspricht das Café eine kleine Zeitreise in die 50er- und 60er-Jahre. Denn alle Möbel sind im Vintagestil der sogenannten „Sputnik Ära" gehalten. Jedes Einrichtungsstück im Café Sputnik erzählt eine ganz eigene Geschichte und lädt seine Gäste dazu ein, ihre Gedanken schweifen zu lassen, in guter Gesellschaft aromatischen Kaffee zu genießen und anschließend viele neue Ideen und Eindrücke mit nach Hause zu nehmen. Aber nicht nur die Einrichtung verleiht dem Café einen ganz einmaligen Charakter. Die Eigentümer haben es sich zur Aufgabe gemacht, ausschließlich regionale Speisen und Getränke aus fairem Handel anzubieten. Obst und Gemüse stammen vom Familienbetrieb aus der Region, Fleisch von lokalen Bauern und Kaffee sowie Kakao aus Fairtrade-Produktionen.
Neben den hausgemachten Kuchen locken die selbst gebackenen Pizzen und Flammkuchen. Im Sommer sollte man diese unbedingt im gemütlichen Biergarten des Cafés Sputnik genießen. Ein außergewöhnlicher Blickfang, den man im Biergarten nicht erwarten würde, ist ein kleiner, viktorianischer Gartenpavillon, der auf alten Sandsteinmauern majestätisch über dem Gelände thront. Dieses außergewöhnliche Ambiente macht das Feierabendbier oder den Nachmittagskaffee zu einem einzigartigen Erlebnis. Das Café Sputnik sorgt dafür, dass es auch den kleinen Gästen während ihres Aufenthalts nicht langweilig wird. In Gesellschaft von Hasen, Hühnern und der verschmusten Hofkatze möchte man das Sputnik eigentlich gar nicht mehr verlassen.
Für einen Besuch im Café Sputnik sollte man etwas Zeit mitbringen. Es lohnt sich nämlich nicht nur einen ausgiebigen Spaziergang durch Sonnebergs Altstadt mit dem Cafébesuch zu verbinden. Auch ein Abstecher in den Thüringer Wald, der nur wenige Gehminuten vom Café entfernt ist, rundet das Erlebnis perfekt ab.

- Café Sputnik, Schulstraße 16, 96515 Sonneberg/Thüringen, Tel. (01 63) 4 70 46 78 www.cafe-sputnik-sonneberg.de
- ÖPNV: Bus 803 B, Haltestelle Sonneberg, Markt

Nachhaltig feiern

42 Das grüne ILMPULS Festival in Ilmenau

Das ILMPULS Festival ist das Sommerhighlight im Thüringer Wald. Einmal im Jahr findet in Ilmenau ein eintägiges Musik- und Kulturfestival mit vielen regionalen, aber auch deutschlandweit bekannten Bands statt. Während viele große Festivals nicht gerade eine Wohltat für unsere Umwelt sind, steht das ILMPULS Festival ganz unter dem Motto „Erleben und erhalten. Grüner feiern im Thüringer Wald".

Seit 2018 stellen Studierende der TU Ilmenau in Zusammenarbeit mit regionalen Vereinen und Organisationen ein buntes, abwechslungsreiches Festivalprogramm auf die Beine. Ein absoluter Höhepunkt in der verschlafenen Kleinstadt, der die Kulturszene im Thüringer Wald ordentlich aufmischt.

Ein Tag auf dem ILMPULS Festival ist wie ein kleiner Kurzurlaub in einem familienfreundlichen Umfeld mit guten Vibes. Den Besuchern wird hier so einiges geboten: vegetarisches und veganes Streetfood, leckere Cocktails aus Mehrwegbechern, DIY-Workshops, Sportkurse, und vielfältige Aktivitäten für Kinder. Inmitten der liebevollen, nachhaltigen Deko und der entspannten Atmosphäre kann ohne schlechtes Gewissen der Sommer gefeiert werden. Gegensätzlich zu anderen Festivals wird auf dem ILMPULS sogar der Abfall mit Bedacht getrennt und selbst beim Thema Toilettengang hat man an die Natur gedacht und umwelt- und benutzerfreundliche Ökotoiletten bereitgestellt. Neben den Musikern bekommen auch ortsansässige Produkte und Dienstleistungen eine Bühne. So gibt es zum Beispiel Erfrischungen vom lokalen Eismann oder Workshops vom ansässigen Yogastudio.

Die Anreise zum Festival geht übrigens ganz entspannt mit der Bahn. Hin- und Rückfahrt mit der Süd-Thüringen-Bahn sind im Festival-Ticket enthalten. Und weil auf dem ILMPULS Festival auch nur bis ein Uhr nachts gefeiert wird, können sich Fuchs und Hase im Ilmenauer Wald auch noch ganz entspannt Gute Nacht sagen!

● Ilmpuls-Festival, verschiedene Orte, 98693 Ilmenau
www.ilmpuls.de

Noch mal Kind sein

43 Im Deutschen Spielzeugmuseum in Sonneberg

Die Kreisstadt Sonneberg liegt am Südrand des Thüringer Waldes an der Grenze zu Franken. Was heute ein kleines, verschlafenes Städtchen ist, war am Anfang des zwanzigsten Jahrhunderts die Hochburg der internationalen Spielzeugherstellung und unter dem Namen „Weltspielzeugstadt" bekannt. Obwohl Sonneberg entgegen allen damaligen Erwartungen nicht zu einer Weltmetropole wurde und die Spielzeugherstellung mit dem Zweiten Weltkrieg und der Teilung Deutschlands eingestellt werden musste, herrscht heute immer noch tiefe Verbundenheit zur Geschichte der Spielzeugstadt.

Wer einen Spaziergang durch die Innenstadt unternimmt, merkt schnell, dass der Geist des Spielzeugs noch an vielen Ecken zu finden ist. So beherbergen liebevoll geführte Familienunternehmen wie „Martin Bären" zwei ganz besondere Teddys, die sogar ins Guinnessbuch der Rekorde eingegangen sind. Der größte und der kleinste Bär der Welt sind im Schaufenster zu sehen. Im Laden kann man in einem Workshop sogar seinen eigenen Teddy herstellen. Mit einem kuscheligen Gefährten und einem einzigartigen Erlebnis in der Tasche geht der Spaziergang weiter zum wohl geschichtsträchtigsten Ort von Sonneberg – dem Spielzeugmuseum.

TIPP
Jeder Besucher der Stadttour bekommt eine kleine Laterne beim Wandeln durch die Gassen.

Dort warten über 5000 alte Spielzeuge darauf, bestaunt zu werden. Das wohl berühmteste Ausstellungsstück der Sammlung ist die „Thüringer Kirmes". Die Schaugruppe besteht aus 67 lebensecht wirkenden Puppen, die das typische Volksfest der Region darstellen. Es lohnt sich, ein bisschen länger die Ansammlung der verschiedenen Charaktere zu betrachten. Denn manchmal kommt es einem fast so vor, als würden sich ein paar Augen bewegen. Ob das wohl der berüchtigte „Geist des Spielzeugs" ist? Fest steht, dass dieser zeitweise die Gestalt des Stadtführers Roland Spielmann annimmt. Verkleidet als Nachtwächter, nimmt er neugierige Besucher bei Anbruch der Dunkelheit auf eine abenteuerliche Reise durch das „alte Sonneberg" mit. Der perfekte Abschluss dieser Reise durch die Spielzeugstadt!

- Deutsches Spielzeugmuseum, Beethovenstraße 10, 96515 Sonneberg, Tel. (0 36 75) 42 26 34 27, www.deutschesspielzeugmuseum.de
- ÖPNV: Bus 804, C, Haltestelle Sonneberg, Spielzeugmuseum

Ab auf die Piste

44 Das Schneeparadies Skiarena Silbersattel

Rasante Abfahrten und Hüttengaudi gibt es nicht nur in den fernen Alpen, sondern auch in den Thüringer Bergen. Die Skiarena Silbersattel ist Thüringens größtes und schneesicherstes alpines Skigebiet. Auf über acht Strecken können Skiprofis und Anfänger den schneereichen Thüringer Wald in vollen Zügen genießen. Das Schneeabenteuer startet an der Mittelstation; dort kann das nötige Skiequipment ausgeliehen werden, bevor es dann mit dem Sessellift zum „Gipfel", dem Fellbergplateau, geht.

Dort angekommen, sollte man vor der Talfahrt zuerst den atemberaubenden Weitblick über die Umgebung genießen. Bei gutem Wetter küsst der strahlend blaue Himmel die schneebedeckten Hügel im Umland. Durch den frischen, glitzernden Schnee bahnen sich Skifahrer und Snowboarder ihren Weg hinab. Möchte man sich nach der Abfahrt eine wohlverdiente Pause gönnen, hat man die Wahl zwischen drei verschiedenen gastronomischen Angeboten an den Stationen. Auf der Bergstation empfängt die Fellbergalm ihre Besucher mit heißem Jagertee, deftigen Speisen und einer großen Anzahl an Liegestühlen, in denen sich die Wintersonne und der Blick aufs Tal genießen lassen. Diejenigen die weniger rasant unterwegs sein möchten, haben die Möglichkeit, abseits der Pisten die verschiedenen, über 35 Kilometer langen Langlauf-Loipen und Skiwanderwege zu begehen.

Ein absolutes Highlight für alle, die ebenfalls in den Genuss eines kleinen Skiurlaubs kommen möchten, jedoch eher unsicher auf den „Brettern" sind, ist eine Fahrt mit dem „Pistenbock"-Schlitten. Dabei darf man sich zuerst in die Schlange der Skifahrer hinauf zur Mittelstation einreihen, um sich dann, auf der Bergstation angekommen, den 400 Meter langen Hang mit ihnen zu teilen. Der Lenkschlitten verspricht ein rasantes „Skierlebnis" mit dem Vorteil, dass man ihn in der Skiarena Silbersattel noch nicht einmal selbst wieder hochziehen muss – hier leistet der Schlepplift ganze Arbeit. Im Sommer wird das Skigebiet in eine Bikearena umgewandelt – absolut sehenswert!

- Skiarena Silbersattel, 96523 Steinach, Tel. (03 67 62) 28 88 22
www.thueringen-alpin.de
- ÖPNV: Skibus ab Marktplatz Steinach bis Skiarena

36
35

Wo die Hobbits wohnen

45 Das Feriendorf „Auenland" in Waffenrod

Herr-der-Ringe-Fans aufgepasst! Wo übernachten „garstige Hobbits" neben dem Auenland in Hobbiton, Neuseeland, am liebsten? In den Ferienhäusern in Waffenrod im Thüringer Wald natürlich! Im kleinen Dorf in der Nähe von Eisfeld gibt es tatsächlich ein Feriendorf namens Auenland. Dort können Urlauber in gemütlich ausgestatteten Erdhäusern übernachten, die den Originalen in Hobbiton zum Verwechseln ähnlich sind. Die Hobbithöhlen im Feriendorf haben alles, was es für eine gemütliche Hobbitauszeit braucht: eine urige Einrichtung mit Wohnzimmer, Esstisch, Kamin, Schlafzimmer, Dusche, WC und natürlich eine einladende Terrasse, auf der man die Sonnenstunden und den weiten Blick über den Thüringer Wald genießen kann.

Neben den außergewöhnlichen Übernachtungsmöglichkeiten bietet das Auenland seinen kurzfristigen Bewohnern als weitere Abenteuer eine flotte Sommerrodelbahn und einen eintrittfreien Abenteuerspielplatz. Hier kommt die ganze Familie auf ihre Kosten. Während die Kleinen auf dem Spielplatz herumtollen, können die Großen bei einem kühlen Getränk im Restaurant „Bergbaude" oder bei einem mitgebrachten Picknick entspannen. Und auch hier ist die Aussicht nicht von schlechten Eltern. Man kann den Blick über die weitläufige Thüringer Panoramastraße schweifen lassen, die in Waffenrod ihren Anfang nimmt. Der perfekte Startpunkt für einen Roadtrip, der durch die abwechslungsreiche Flora des Thüringer Waldes führt – vorbei an dunklen Tannenwäldern und sanften Tälern.

Das Feriendorf Auenland ist übrigens für jeden frei zugänglich und mit seinem großen Freizeitangebot nicht nur für Urlauber, sondern auch für Sonntagsausflügler das perfekte Ziel. Einmal im Jahr wird das Auenland zum Festivalgelände umfunktioniert. Unter dem Motto „4 days of love, peace and Harmony" findet hier das „Woodstock forever Festival" statt. Mit einem bunten Line-up aus nationalen und internationalen Bands ist das Festival besonders wegen seines einmaligen Veranstaltungsortes einen Besuch wert.

- Feriendorf Auenland, Zum Burgberg 1, 98673 Eisfeld/OT Waffenrod/Hinterrod, Tel. (0 36 86) 61 89 00, www. feriendorf-auenland.de
- ÖPNV: Ab Bahnhof Eisfeld Bus 209, Haltestelle Waffenrod/Hinterrod (800 Meter zu Fuß)

Heimat der Ritter

46 Abenteuerort Burgruine und Domäne Schaumburg

Auf einem grünen Hügel unweit der Stadt Schalkau schlängelt sich ein serpentinenförmiger Weg hinauf zur alten Burgruine Schaumburg. Die im zwölften Jahrhundert erbaute Burg beherbergte einst die Ritter von Schaumberg. Plünderungen und der Dreißigjährige Krieg zerstörten aber die herrschaftliche Burg zu großen Teilen. Dennoch ist die geschichtsträchtige Ruine einen Besuch wert, denn sie besticht nicht nur mit einer spektakulären Aussicht auf die südlichen Ausläufer des Thüringer Waldes, sondern auch mit der außergewöhnlichen Atmosphäre, die das Areal immer noch ausstrahlt.

Noch immer sind vereinzelte Türme, Mauerteile und Gewölbe der Burg erhalten geblieben und werden nun ehrenamtlich vom ansässigen Schaumburg e. V. mit viel Liebe gepflegt. Im alten Gewölbekeller der Burg kann man sich eingehend über die Geschichte der Burg informieren, denn er beherbergt so einige kostbare Relikte aus längst vergangenen Rittertagen. Besucher haben außerdem die Möglichkeit, sich einer der regelmäßig stattfindenden Touren durch die ehrenamtlichen Mitglieder des Vereins anzuschließen. Zwei jährlich stattfindende Highlights auf der Schaumburg, die man auf keinen Fall verpassen sollte, sind das mittelalterliche Schaumburgfest im Juni und der Familienausgrabungstag im Herbst.

In der Vorburg des Geländes befindet sich das ehemalige Wirtschaftsgebäude, welches zur „Domäne Schaumburg“ ausgebaut wurde. Hier kann man im rustikalen Kreuzgewölbe gelegentlich speisen und feiern, die angrenzende Terrasse empfängt mit einem umwerfenden Panorama. Die Domäne hält für ihre Besucher zum Übernachten gemütliche Zimmer in der Pension, ein Tiny House oder zwei Baumhäuser auf dem Gelände bereit.

Auch auf die kleinen Gäste warten neben der ausgiebigen Erkundung der Ruine weitere Attraktionen wie liebevoll angelegte Spielplätze und ein Besuch bei der „kleinen Hexe“, wo waschechten Hexen sogar Besenrabatt gewährt wird. Die Burgruine und die Domäne Schaumburg sind ein Ort, der jede Menge Erholung und Spaß verspricht.

- Burgruine und Domäne Schaumburg, Schaumburg 1, 96528 Schalkau, Tel. (03 67 66) 8 21 21, www.domaene-schaumburg.de
- ÖPNV: Bus 701, 720, 770, Haltestelle Schalkau, Thüringer Hof (2,3 Kilometer zu Fuß)

Mehl, Wasser, Salz & Zeit

47

Brotgenuss bei den Teigmachern in Bad Tabarz

Was man auf den ersten Blick nicht in der Lesehalle des altehrwürdigen Theodor-Neubauer-Kurparks in Bad Tabarz erwarten würde, ist ein hippes, junges Café. Der junge Bäckermeister Max Stiebling, wuchs in der Region auf und hat es sich zur Aufgabe gemacht, mit dem Café und Bistro „Die Teigmacher" das traditionelle Backhandwerk wieder in seine alte Heimat zu bringen. Dabei legt er besonders viel Wert auf ein nachhaltiges Konzept. Verwendet werden ausschließlich Rohstoffe aus der Region, auf Backmittel wird verzichtet. Selbst der Kaffee ist handgeröstet und stammt aus einer Gothaer Rösterei.

Neben süßen Leckereien wie fluffigen Zimtschnecken und original Thüringer Blechkuchen gibt es auch herzhafte Spezialitäten. Dabei sind die Protagonisten unter den Backwaren ganz eindeutig das hauseigene Roggen- und das Weizensauerteigbrot. Außen knusprig und innen weich und feucht – genau so muss ein gutes Brot sein. Mit ihren vielfältigen und hochwertigen Angeboten haben sich die Teigmacher innerhalb kurzer Zeit zu einem kulinarischen Hotspot in Bad Tabarz entwickelt.

Auch Ästhetikliebhaber kommen bei einem Besuch in der alten Lesehalle auf ihre Kosten. Mit einem Farbkonzept aus Weiß- und Naturtönen schafft die minimalistische, skandinavisch anmutende Innenarchitektur eine angenehme Atmosphäre. Verschiedene Sitzmöglichkeiten bieten genügend Raum zum Entspannen und Genießen und bleiben so dem eigentlichen Nutzen der alten Lesehalle treu. Entlang der großen Fensterfront kann man gemütlich lesen oder den eigenen Gedanken nachhängen. Durch die Integration von temporären Ausstellungen wollen die Teigmacher auch Kunst und Kultur zurück in die Lesehalle im Theodor-Neubauer-Park bringen. Bisher konnten schon einige lokale Künstler ihre Objekte an den weiß getünchten Wänden des Bistros ausstellen. Das Ensemble aus Gebäck, gutem Kaffee, Kunst und moderner Innenarchitektur machen das Café und Bistro der Teigmacher zu einem ganz besonderen Herzensort.

- Die Teigmacher – Brot & Bistro, Theodor-Neubauer-Park, 99891 Bad Tabarz, Tel. (01 63) 9 71 11 68 , www.dieteigmacher.com
- ÖPNV: Bus 840, 841, 842, 857, Haltestelle Bad Tabarz (450 Meter zu Fuß)

Das Glück der Erde

48 Urlaub auf dem Haflinger Gestüt Meura

Das Glück der Erde liegt bekanntlich auf dem Rücken der Pferde. Ob Pferdenarr oder nicht, wer das Haflinger Gestüt Meura besucht, dem wird schnell klar, dass es sich hier um einen wirklichen Glücksort handelt. Das kleine Bergdorf im Herzen des Thüringer Waldes säumen sanfte, weitläufige Weiden, auf denen die Haflinger grasen. Schon von Weitem schimmern den Besuchern die goldenen Mähnen der edlen Stuten und Hengste entgegen. Familie Sendig leitet hier seit über fünfzig Jahren mit rund 350 Pferden das größte Gestüt Europas für Haflinger und Edelbluthaflinger. Im Laufe der Zeit entwickelte sich Meura zu einem Mekka für Pferdebegeisterte. Von der klassischen Reitausbildung über geführte Wanderritte durch den Thüringer Wald bis hin zu Reiterferien für jedes Alter – ein Aufenthalt in Meura bietet genügend Abwechslung.

Wer sich für einen längeren Aufenthalt auf dem Gestüt entscheidet und sein eigenes Pferd mitbringen möchte, für den ist sogar ein Urlaub mit dem privaten Reittier möglich. Dieses bekommt Weidezulauf, Vollverpflegung und eine gemütliche eigene Box, während die Besitzer Ferien in Meura machen. All inclusive fürs Pferd also!

Ein Trip auf den Hof lohnt sich aber nicht nur für einen längeren Aufenthalt, sondern auch für einen Tagesausflug. Das ganze Jahr über werden täglich Führungen über das Gestüt angeboten. Nach einem ausgiebigen Spaziergang auf dem Gelände lädt das Hofcafé zu Kaffee und Kuchen ein. Auch das Café ist Teil des Familienbetriebs. Oma Ruth und Opa Rudi versorgen ihre Gäste mit selbst gebackenem Thüringer Blechkuchen.

Gleich nebenan befindet sich der Hofladen, wo man eine in Meura einzigartige Spezialität erwerben kann: Sendig's Stutenmilch. Das Naturprodukt wird seit vielen Jahren in Meura verkauft und soll als Nahrungsergänzungsmittel die Abwehrkräfte stärken. Mittlerweile gibt es auch eine Stutenmilch-Pflegeserie und Likör – ganz besondere Mitbringsel für die Daheimgebliebenen!

● Haflinger Gestüt Meura, Ortsstraße 116, 98744 Meura, Tel. (03 67 01) 3 11 51
www.haflinger-in-meura.de
● ÖPNV: Bus 303, 406, Haltestelle Meura

In himmlischer Ruh'

49 Schlafen in der Her(r)bergskirche in Neustadt

In einer Kirche zu übernachten, mag für den ein oder anderen schon recht sonderbar erscheinen. In der Michaeliskirche in Neustadt am Rennsteig ist das allerdings möglich. Die alte Kirche wurde nur noch für vereinzelte Gottesdienste genutzt, und so entschloss man sich, sie im Rahmen des IBA-Projekts „Her(r)bergskirchen" zu einem lebendigen Ort der Begegnung und Innovation zu machen. Von April bis Oktober können Besucher der Rennsteigregion unter dem Kirchenhimmel einschlafen, um am nächsten Morgen um acht Uhr von den Kirchenglocken geweckt zu werden.

Bei einer Übernachtung in der „Her(r)bergskirche" kommt der Komfort keineswegs zu kurz. Denn die von Architekten aus Berlin, Leipzig und Wien designte Schlafnische entspricht jedem ästhetischen Anspruch. Gearbeitet wurde mit Naturmaterialien und minimalistischen Elementen. Ein besonderer Blickfang ist der royalblaue Vorhang, der die Schlafnische vom Kirchenraum abgrenzt. Im Kirchenschiff befindet sich ein modernes, beheiztes Badezimmer mit Toilette und Dusche, und im benachbarten Pfarrhaus können es sich die Übernachtungsgäste in der urigen Küche gemütlich machen, um bei einer selbst gekochten Mahlzeit die nächste Wanderung zu planen.

Was einen Aufenthalt neben der spektakulären Übernachtungslocation noch so einzigartig macht, ist die liebevolle Betreuung durch die ehrenamtlichen Akteure im Dorf. Allen voran Horst Brettel, Her(r)bergskirchen-Befürworter der ersten Stunde und Vorsitzender des Kirchengemeindeverbandes. Er begrüßt seine Gäste bei Ankunft in der Kirche persönlich und ist jederzeit für ein gemütliches Schwätzchen am Küchentisch zu haben. In Gesprächen mit ihm merkt man sofort, dass im Projekt Her(r)bergskirchen nicht nur viel Arbeit steckt, sondern auch jede Menge Herzblut. Und das macht die kleine Kirche in Neustadt am Rennsteig zu einem außergewöhnlichen Glücksort.

- Her(r)bergskirche Michaeliskirche, Rennsteigstraße 49, 98701 Großbreitenbach
  www.herrbergskirchen.org
- ÖPNV: Bus 209, 304, Haltestelle Neustadt am Rennsteig, Kaufhalle

Königlich flanieren

50 Rundgang auf Schloss Wilhelmsburg Schmalkalden

Hoch über der märchenhaften Fachwerkstadt Schmalkalden thront das Schloss Wilhelmsburg. Neben der wohl schönsten Aussicht auf das idyllische Umland wird dem Besucher auch einiges geboten. Das eindrucksvolle Erlebnis fängt schon auf dem Weg zum Schloss an. Dabei nimmt man entweder den direkten Weg aus der Innenstadt oder wählt die pittoreske Variante über die Walrabstraße durch eine von alten Bäumen gesäumte Allee. Diese Route führt zum Osttor der Anlage und gibt den Blick auf das malerische Schloss frei. Eine Augenweide sind die sorgfältig angelegten Terrassengärten von Schloss Wilhelmsburg. Zwischen duftenden Obstbäumen und geometrisch angelegten Hecken und Buchsbäumen lässt es sich wundervoll flanieren und die Zeit genießen. Hat man genug vom Lustwandeln, sollte man unbedingt einen Abstecher ins Innere des Schlosses einplanen.

Schloss Wilhelmsburg zählt nicht nur zu den schönsten Renaissanceschlössern Thüringens, sondern bietet seinen Besuchern auch einen exklusiven Einblick in den prunkvollen Alltag des damaligen Adels. Im aufwendig restaurierten Thronsaal können sich Besucher wahrhaft königlich fühlen. Auch die interaktive Dauerausstellung zum Schmalkaldischen Bund und den Lebzeiten Martin Luthers sollte man nicht versäumen. Hier wird Geschichte erlebbar – für Groß und Klein.

Geheimtipp auf dem Gelände ist die Schlosskapelle, die heute zu den schönsten Kirchen Deutschlands zählt. Wer die Kapelle betritt, weiß auch, warum. Die pastellfarbenen und goldenen Verzierungen sind nicht nur prachtvoll, sondern harmonieren auch auf eine ganz beruhigende Art und Weise miteinander. Diese andächtige Atmosphäre der Kirche sollte man eingehend auf sich wirken lassen.

Für unvergessliche Glücksmomente sorgen auch die verschiedenen Veranstaltungen in und auf dem Schlossgelände. Seien es ein Orgelkonzert in der Kapelle, Sommerfilmnächte, Theateraufführungen oder der jährlich stattfindende mittelalterliche Weihnachtsmarkt.

- Schloss Wilhelmsburg, Schlossberg 9, 98574 Schmalkalden, Tel. (0 36 83) 40 31 86 www.museumwilhelmsburg.de
- ÖPNV: Bus 448, Haltestelle Schmalkalden Renthofstraße, Schule (350 Meter zu Fuß)

Gemütlicher Anstieg

51

Durch den Wald mit der Thüringer Bergbahn

Zwischen der Ortschaft Obstfelderschmiede und Lichtenhain rattert sie gemächlich den Berg hinauf – die Thüringer Bergbahn. So schön die Wanderwege im Thüringer Wald auch sein können, manchmal möchte man, anstatt einen anstrengenden Anstieg auf sich zu nehmen, einfach nur die Landschaft an sich vorbeiziehen lassen.
Mit einem Höhenunterschied von 323 Metern auf 1,4 Kilometer zählt die Bergbahn noch heute zu den steilsten Standseilbahnen der Welt. Ihre Hochzeit erlebte sie zu Beginn des 20. Jahrhunderts als eines der wichtigsten Transportmittel der ansässigen Porzellanmanufaktur. Heute ist die achtzehnminütige Fahrt hinauf zur Bergstation Lichtenhain ein unvergleichliches Highlight im Thüringer Wald.
In der kalten Jahreszeit begeistert die makellose Schönheit des weißen Winterwunderlandes, und in den Sommermonaten kann man im Bergbahn-Cabrio die warme Sommerluft, das entfernte Grillenzirpen und den harzig-warmen Geruch des Thüringer Waldes genießen. An der Bergstation angekommen, warten zahlreiche Attraktionen darauf, erkundet zu werden. Das Maschinarium bietet ein interaktives Erlebnis rund um die Technik der Bergbahn, im Speisewagen gibt es Erfrischungen und einen kleinen Imbiss.

TIPP

Für das gesamte Streckennetz der Thüringer Bergbahn ist das Bergbahn-Tagesticket nutzbar.

Kann man von der herrlichen Kulisse nicht genug kriegen, sollte man unbedingt noch ein Stückchen weiter mit der Bahn die anschließende Flachstrecke bis nach Cursdorf fahren. Eine Besonderheit im Sommer ist der Olitätenwagen. Dieser versorgt seine Fahrgäste mit allerhand Informationen über heimische Kräuter. Das Gebiet rund um die Thüringer Bergbahn ist nicht nur ein Paradies für Kräutersammler, es lädt auch dazu ein, auf ausgiebige Wandertouren zu gehen.
Für Fußgänger hält der Weg bergab so einiges parat. Der Fröbelwald ist ein kleines Waldstück, benannt nach dem aus Oberweißbach stammenden Pädagogen Friedrich Fröbel, in dem sich Familien spielerisch über den Lebensraum Wald und die Region informieren können.

- Thüringer Bergbahn, An der Bergbahn 1, 98744 Schwarzatal, Tel. (03 67 05) 2 01 34 www.thueringerbergbahn.com/
- ÖPNV: Bus 302, 331, 333, 390, Haltestelle Mellenbach, Verkehrszentrale

700
158

Wellness im Bierfass

52

Süffige Erlebnisse im Ankerbräu Steinach

Es sprudelt, schäumt und zischt am Steinbächlein 6a in der kleinen Stadt Steinach im Thüringer Schiefergebirge. Seit über 280 Jahren wird hier von der Familie Greiner-Wohlleben Bier gebraut. Inhaber Holger Greiner ist leidenschaftlicher Bierbrauer in zehnter Generation und führt das traditionsreiche Handwerk mit einem modernen Ansatz fort. Wer dem Ankerbräu einen Besuch abstattet, hat die Qual der Wahl zwischen verschiedenen Erlebnissen. Beim Brauseminar erhält man einen exklusiven Einblick in die Privatbrauerei, darf selbst beim Brauvorgang aktiv werden und natürlich verkosten!

Auf verschiedenen Erlebnistouren kann man die einzigartige Geschichte der Traditionsbrauerei hautnah erleben und anschließend traditionelle Thüringer Küche genießen. Die Brauerei kann sogar mit einem deutschlandweit einmaligen Highlight aufwarten: dem „Ankerla Bierbad". Das süffige Bier hat eine positive Wirkung aufs Innere wie aufs Äußere. Für das traditionelle Bierbad werden 150 Liter Wasser mit 15 Litern „Ankerla Dunkel" angereichert, hinzu kommen Hopfen, Malz und Hefe. 25 Minuten sollte man die angenehmen Dämpfe und das Prickeln der natürlichen Kohlensäure genießen, um sich dann anschließend in weichen Baderoben die restliche Zeit im riesigen Bierfass zu entspannen. Das große Panoramafenster bietet dabei einen einmaligen Ausblick auf die malerische Schieferstadt.

Das „Ankerla Bierbad" regt außerdem den Stoffwechsel und die Durchblutung an und sorgt für eine besonders zarte Haut. Anschließend oder auch währenddessen gibt es für Biergourmets natürlich auch ein Glas Ankerla Bier. Alle, die schon immer mal das Bedürfnis verspürt haben, ein bisschen tiefer ins Bierglas und die Schaumkrone ihres Bieres einzutauchen, haben mit dem einzigartigen Bierbad des Ankerbräu die Möglichkeit dazu. Wer noch ein bisschen länger bleiben möchte, kommt in den gemütlichen Ferienwohnungen der Brauerei oder den Schlummerfässern im Freien unter.

- Ankerla Brauerei, Steinbächlein 6A, 96523 Steinach, Tel. (03 67 62) 3 12 51
www.ankerla.de
- ÖPNV: Haltestelle Steinach, Bahnhof (400 Meter zu Fuß)

seit 1736
ANKERBRÄU GREINER-WOHLLEBEN

Erbe der Buckelapotheker

53 Heillehre in der Kräuterschule Großbreitenbach

Schon gewusst? Der Thüringer Wald ist eines der ältesten UNESCO-Wald-Biosphärenreservate in Deutschland. Und neben einzigartigen Wandertouren und schönen Aussichten hat er noch so einige Schätze parat. Und das sind in diesem Fall keine glitzernden Mineralien, sondern Schätze, die man auf seinen Streifzügen eher mal übersieht, nämlich am Wegesrand wuchernde Wildkräuter. Das Potenzial des Thüringer Kräutergartens, eines Gebietes, das sich über 240 Quadratkilometer erstreckt, haben schon vor vielen Jahren die Buckelapotheker, die Medizinmänner des Thüringer Waldes, entdeckt.

Die Kräuterschule Großbreitenbach führt mit vielseitigen Angeboten die alte Tradition der Kräutersammler und Buckelapotheker fort und gibt das uralte Wissen über die Olitäten aus Heilkräutern, bestehende Öle, Tinkturen und Balsame weiter. Im Atelier des Thüringer Wald-Kreativ-Museums bietet die Kräuterschule Großbreitenbach vielfältige Tages- und Wochenendkurse an. Hier lauscht man nicht nur dem unerschöpflichen Wissen der Kräuterfrauen über heimische Gewächse, sondern stellt z. B. eigene Tinkturen sowie Salben her und kocht aus lokalen Zutaten die eigenen Mahlzeiten. Zwischen duftenden botanischen Schätzen, den spannenden Erzählungen der Kräuterexpertinnen und der Gesellschaft anderer Sammler fühlt man sich fast schon wie ein Teil eines geheimen Hexenzirkels.

Und wer nach dem Kurs auch einmal selbst auf Kräutersuche gehen möchte, der kann eine der Kräuterexpertinnen auf einer Tour durch das Olitätenland begleiten. Vom Spitzwegerich über Ehrenpreis bis hin zu Arnika – hält man die Augen offen, wird man schnell fündig. Ganz nach der alten Tradition der Buckelapotheker haben Touristen die Möglichkeit, einen großen Holzkorb, den „Reff“, auf ihrem Rücken zu tragen, zusammen mit den Experten auf Kräutersuche zu gehen und die heilenden Bodenschätze des Thüringer Kräutergartens zu entdecken.

- Thüringer Wald-Kreativ-Museum, Myliusstraße 6, 98701 Großbreitenbach, Tel. (03 67 81) 4 18 15
www.lg-grossbreitenbach.de, Stichwort Tourismus, Aktivregion
- ÖPNV: Bus 303,304, 308, Haltestelle Großbreitenbach, Rathaus

Rapunzel, Rapunzel

54 Der märchenhafte Herzogstuhl Kleineutersdorf

Wer auf einer Wanderung durch die Jagdanlage Rieseneck auf dieses besondere Bauwerk stößt, könnte fast meinen, sich plötzlich in einem russischen Märchen wiederzufinden. Zwischen dichten Fichten- und Laubwäldern versteckt sich der Herzogstuhl, ein kleines Fachwerkhaus, welches auf einem hohen Sockel aus Sandstein thront. Seine außergewöhnliche Bauart und der Standort mitten im Wald erinnern fast ein wenig an das Haus der Hexe Baba Jaga. Das verwunschene Häuschen ist jedoch nicht aus Hexenhand entstanden. Herzog Ernst II. von Sachsen-Altenburg ließ den Turm als seinen persönlichen Rückzugsort nach der Jagd erbauen. Man munkelt aber auch, dass der Herzog das Häuschen und seine Geheimgänge des Öfteren für heimliche Schäferstündchen zum Lustschloss umfunktionierte.

Fest steht, dass sich eine Wanderung zum Lustschlösschen allemal lohnt. Diese startet man am Parkplatz „Chausseehaus" durch die barocke Jagdanlage Rieseneck. Die Anlage ist in Europa einzigartig mit ihren vielen unterirdischen Gängen und noch gut erhaltenen Gebäuden wie dem „Grünen Haus". Nach etwa dreißig Minuten Weg durch den Wald kommt der Herzogstuhl zum Vorschein. Den besten Blick auf das Schlösschen hat man direkt davor. Von einem kleinen Platz mit einer großen Linde kann man besonders gut die grünen Holzfenster und die Details im alten Fachwerk begutachten. Momentan wird das verwunschene Häuschen durch den ansässigen „Freundeskreis Rieseneck e.V." gepflegt und erhalten. Einmal im Jahr, zum Muttertag, geben die Vereinsmitglieder das Innere des Jagdschlösschens für die Öffentlichkeit frei. In der restlichen Zeit des Jahres kann das Schlösschen nur von außen bewundert werden. Aber mit ein wenig Glück ist bei einem Besuch die Zugbrücke heruntergelassen, und die Fensterläden sind geöffnet. Ähnlich wie bei der Queen im Buckingham Palace bedeutet dies, dass die Vereinsmitglieder vor Ort sind. Und vielleicht haben sie ja Lust, den ein oder anderen exklusiven Einblick in den Herzogturm zu gewähren.

- Jagdanlage Rieseneck mit Herzogstuhl Kleineutersdorf, 07768 Kleineutersdorf
www.fachwerkhaus.de/herzogstuhl.html
- ÖPNV: Ab Bf. Kahla Bus 481, 489, Haltestelle Schmölln/Hummelshain
(2,3 Kilometer zu Fuß)

Erhabene Stille

55 Den Moment genießen im Kloster Paulinzella

Ein Ort im Thüringer Wald, an dem man zur Ruhe kommen und eine beinahe andächtige Stille genießen kann, ist das Kloster Paulinzella im Rottenbachtal. Umgeben von dunklen Nadelwäldern und saftigen Wiesen, ist die aus dem zwölften Jahrhundert stammende Klosterruine ein Ort der Stille und des Friedens. Wer durch die romanische Säulenreihe im Kirchenschiff mit dem endlosen blauen Himmel über sich wandelt, kann nachvollziehen, warum vor vielen Jahrhunderten eine Adelige namens Paulina genau diese Stelle als Standort für ein Kloster auserkoren hat. Selbst Wilhelm von Humboldt schwärmte auf seinen Reisen vom imposanten Sakralbau: „Sie ist wahrlich schön und die schönste christliche Ruine von Architektur, die mir je vorgekommen ist. Es fehlt einem wirklich etwas Wesentliches, wenn man sie nicht gesehen hat."

Was man neben einem prall gefüllten Picknickkorb für einen Ausflug zum Kloster Paulinzella mitbringen sollte, ist Zeit. Denn neben der Ruine beherbergt das Klostergelände noch viele weitere Schmuckstücke, die erkundet werden wollen. So zum Beispiel den an die Ruine angrenzenden Klostergarten, ein privat angelegtes Kleinod, umsäumt von alten Birken, die sich sanft im Wind wiegen. Ein Spaziergang durch den Garten ist eine Wohltat für die Sinne. Der Duft der vielzähligen Kräutersorten erfüllt die Luft, die Grillen zirpen, und in der Ferne sieht man die Klosterteiche im Sonnenlicht glitzern. Ein wunderbarer Ort zum Verweilen und Innehalten. Und dabei immer das eindrucksvolle Kloster im Blick. Wen die Geschichte der Ruine nicht loslässt, der kann diese im Amtshaus, das sich am Eingang des Areals befindet, vertiefen. Das ehemalige Jagdschloss des Grafen von Schwarzburg beherbergt eine Dauerausstellung mit allerhand Insiderwissen zur Kloster- und Forstgeschichte. Und auch wenn das Kloster nicht mehr in seiner vollen Pracht bestaunt werden kann, strahlt der Ort immer noch eine gewisse Spiritualität und Erhabenheit aus.

- Kloster Paulinzella, Paulinzella 3, 07426 Königsee, Tel. (03 67 39) 3 11 43
www.museum-paulinzella.de
- ÖPNV: Ab Bf. Rottenbach Zug RB 23, RE 47, Bus SEV, 215, Haltestelle Paulinzella

Es weihnachtet schon

56 Bunte Welten in der Farbglashütte ELIAS

Ein Ort, an dem das ganze Jahr über Weihnachtsstimmung herrscht? Klingt fast zu schön, um wahr zu sein. Mit einer glitzernden Glaskugelpracht in den Schaufenstern zahlreicher kleiner inhaberbetriebener Läden empfängt die kleine Stadt Lauscha im Thüringer Schiefergebirge seine Besucher. Lauscha ist nämlich der Geburtsort der gläsernen Christbaumkugel und heute noch weltweit als ein wichtiger Wirkungsort deutscher Glasbläserkunst bekannt. Ein wunderbarer Anlaufpunkt für alle, die in die funkelnde Welt der Glaskunst eintauchen möchten, ist die älteste Glashütte des Ortes, die „ELIAS Farbglashütte Lauscha". Hier kann man sich im Glasmuseum nicht nur eingehend über die Geschichte der Glasbläserei in Lauscha informieren, sondern auch live mit dabei sein, wenn flüssiges, glühendes Glas aus dem originalen Glashüttenofen zu den einzigartigen Produkten der Glasbläserei verarbeitet wird. Oder der Glashüttengalerie beiwohnen und zuschauen, wie Kunstglasbläser in mühseliger Feinarbeit Rosenkugeln, original Thüringer Waldglas und viele weitere Schmuckstücke herstellen. Besucher der Glashütte ELIAS haben außerdem die Möglichkeit, zusammen mit einem erfahrenen Kunstglasbläser die eigene Christbaumkugel zu blasen und somit ein ganz besonderes Andenken mit nach Hause zu nehmen.

Wer befürchtet, sich in der Farbglashütte ELIAS schnell wie ein Elefant im Porzellanladen zu fühlen, braucht sich nicht zu sorgen. Hier soll und darf vieles aktiv erlebt, angefasst und intensiv begutachtet werden. Nur so lassen sich das traditionelle Handwerk und die Kostbarkeit der Glaskunst am besten verstehen. Deswegen ist die Erlebnisglashütte in Lauscha auch für Familien ein lohnenswertes Ausflugsziel. Im Anschluss an den ausführlichen Rundgang kann man dann in der Weihnachtswelt und im Sonderverkauf noch das ein oder andere Schnäppchen oder Souvenir finden. Der Eintritt in die ELIAS Farbglashütte ist übrigens kostenfrei. Ein Grund mehr, dem „glühenden Herzen" in den Tiefen des Thüringer Waldes einen Besuch abzustatten.

● ELIAS Glashütte – Farbglashütte Lauscha/Thür. GmbH, Straße des Friedens 46, 98724 Lauscha, Tel. (03 67 02) 2 81 25, www.farbglashuette-lauscha.de
● ÖPNV: Bus 705, 706, Haltestelle Lauscha, Farbglashütte

Raus aus dem Alltag

57 Tag der Sommerfrische im Schwarzatal

„Lass uns doch mal wieder in die Sommerfrische fahren“, gehört definitiv zu den Aussagen, die einen festen Platz in unserem alltäglichen Sprachgebrauch einnehmen sollten. In die Sommerfrische zu fahren, ist eine Tradition, die in Deutschland im 19. Jahrhundert ihren Anfang fand. Es bedeutete so viel, wie der stickigen, überfüllten Großstadt für ein paar Stunden oder sogar Tage zu entkommen und Entspannung im ländlichen Raum zu finden. Das Schwarzatal bietet mit dem kühlen Fluss Schwarza und den sie umgebenden Wäldern, Tälern und Bergen die besten Voraussetzungen als Luftkurort und Erholungsziel.

Nun ist der beste Zeitpunkt, zur Sommerfrische in den Thüringer Wald zu fahren, zum Beispiel an einem bestimmten Sonntag im August. Am Tag der Sommerfrische im Schwarzatal leben die alten Traditionen des Sommerfrischegebietes wieder auf, und Besucher können für einen Tag die gebündelte Vielfalt an regionalen Angeboten im Schwarzatal genießen.

Den Tag der Sommerfrische beginnt man am besten am „Langen Tisch der regionalen Produkte“, wo man sich mit heimischen Köstlichkeiten eindecken kann. Mit einem vollen Picknickkorb lassen sich die verschiedenen Programmpunkte schließlich viel besser abgehen. Neben der atemberaubenden Natur sind es vor allem die Sommerfrische-Architekturen, welche das Schwarzatal zu einem so besonderen Ort machen. Hier reiht sich eine Vielzahl von wunderschönen Villen mit aufwendig verzierten Balkonen aneinander. Viele Sommerfrische-Häuser werden momentan restauriert und teilweise zu Co-Working- und Co-Living-Spaces ausgebaut. Mit der Sommerfrische kommt auch das Leben zurück ins Schwarzatal. Die verschiedenen Veranstaltungen wollen auf das Potenzial der Gegend aufmerksam machen, welches sich an jeder Ecke versteckt. Nach einem Tag Wandeln in der Provinz zwischen grünen Tälern, einzigartigen Aussichten und versteckten Schmuckstücken ist der Kopf tatsächlich frei von Alltagsdebakeln und Sorgenfalten. Ein Tag in der Sommerfrische im Schwarzatal ist eine Kur für Herz und Verstand!

TIPP

Für einen Einblick in die Villen werden am Tag der Sommerfrische Führungen angeboten.

● Sommerfrische im Schwarzatal, an verschiedenen Orten
www.sommerfrische-schwarzatal.de

Hagebutte-Apfel
EwigLeben mit Genuss
Bad Blankenburg

Ewiges Andenken

58 Geniale Küche im Vergissmeinnicht Oberhof

In Oberhof, der wohl bekannteste Hochburg für Wintersport in Thüringen, zieht neben unzähligen Langlaufstrecken, Rodelhängen und Wanderwegen seit einigen Jahren auch ein kulinarischer Hotspot die Aufmerksamkeit auf sich: das Restaurant Vergissmeinnicht. Im Zentrum von Oberhof versteckt sich das Fünf-Sterne-Restaurant hinter einer für den Thüringer Wald typischen Schieferfassade.

Wer hier jedoch altmodische Einrichtung erwartet, liegt falsch. Das Vergissmeinnicht überzeugt mit modernem, industriellem Interior Design und einer perfekten Dosis an Gemütlichkeit. Bequeme orangefarbene Sessel laden zum Verweilen ein, über den Tischen sorgen große Glasbirnen für eine angenehme Atmosphäre. Die Regale im Restaurant schmücken Naturmaterialien und große Schnapsballons voller Fermentate. Und bei wem schon die Inneneinrichtung für Begeisterung sorgt, der sollte unbedingt einen Blick in die Karte werfen – diese ist natürlich die Hauptattraktion im Restaurant Vergissmeinnicht.

Koch und Inhaber Martin Hofmann gelingt eine Fusion aus traditionellen, thüringischen Klassikern und moderner Küche. Zwei Worte, die das Angebot des Restaurants perfekt beschreiben: exquisit und erfinderisch. So wird zum Beispiel zum Frühstück neben normaler Marmelade auch Fichtensprossengelee angeboten, selbst gesammelt im Thüringer Wald, versteht sich. Neben den Zutaten unterstreichen auch die Namen der Gerichte die Einzigartigkeit des Vergissmeinnicht. Was sich hinter „Pickeldie auf Reisen", „Hirsch Heinrich außer Rand und Band" und „Durchs dichte Fichtendickicht" verbirgt, sollte man unbedingt selbst herausfinden.

Der Name Vergissmeinnicht stammt übrigens nicht von der bekannten blauen Blume, sondern von der Aufforderung „damit du uns nicht vergisst". Diese wurde von der Patentante weitergegeben, die ihrer Patentochter das Haus zur Hochzeit schenkte.

Wem der Aufenthalt im Vergissmeinnicht gefällt, kann gerne noch länger bleiben. Das Haus beherbergt nicht nur ein Restaurant, sondern auch ein Hotel.

- Hotel und Restaurant Vergissmeinnicht, Crawinkler Straße 10, 98559 Oberhof, Tel. (03 68 42) 2 23 46
- ÖPNV: Bus 422, 423, Haltestelle Oberhof, Rudolf-Breitscheid-Straße; Bus 423, Haltestelle Oberhof, Crawinkler Straße

Roots, Folk, Weltmusik

59 Tanzvergnügen auf dem Rudolstadt-Festival

Jedes Jahr am ersten Juliwochenende verwandelt sich die kleine Provinzstadt Rudolstadt in eine Musikhochburg. Die Straßen und Gassen sind mit bunten Wimpeln geschmückt, an jeder Ecke wird musiziert. Anlass dafür ist das Rudolstadt-Festival, das größte Folk-Roots-Weltmusik-Festival Deutschlands. Auf über zwanzig Spielstätten, die in der ganzen Stadt verteilt sind, finden Musiker aus aller Welt eine Bühne. Das historische Stadtbild ist eng mit dem Festivalgeschehen verbunden und bietet seinen Besuchern eine einmalige Kulisse. So wird zum Beispiel der Innenhof der Rudolstädter Heidecksburg zur Tanzfläche, und auch vor dem Theater auf dem Marktplatz und vor der Stadtkirche sind Musik und Tanz angesagt. Den sonst so ruhigen Heinepark zieren schimmernde Lichterketten, zwischen den großen Bäumen wird bis in die frühen Morgenstunden gefeiert, getrunken, gespeist und das Leben zelebriert. Und wer die durchgetanzten Füße einmal abkühlen möchte, kann das in der nahe gelegenen Saale tun.

Das Rudolstadt-Festival findet jedes Jahr unter einem bestimmten Motto statt. Dabei steht immer ein bestimmtes Land im Fokus. In den vergangenen Jahren wurde zum Beispiel die Musik von Estland, Schottland oder Tansania gefeiert. Was Rudolstadt außerdem so einmalig macht, ist die Vielfalt an Musikstilen, die in der Stadt zu hören sind. Von traditioneller Folklore bis Rock, von Jazz bis Techno – hier ist für jeden Geschmack etwas dabei.

Ein weiteres Highlight des Festivals ist der Musikpreis „RUTH“ welcher jedes Jahr an prägende Künstler verliehen wird. Eins steht fest: Auf dem Rudolstadt Festival kommt nicht so schnell Langeweile auf. Neben den über 300 verschiedenen Konzerten kann man sogar an kreativen Workshops teilnehmen. Gesangs-, Tanz- und Instrumentalkurse sorgen für Abwechslung beim Festival-Erlebnis. Das Rudolstadt-Festival eignet sich für die ganze Familie, und für die kleinen Musikfans gibt es sogar am Sonntag ein Kinderfest im Park.

● Rudolstadt-Festival, an vielen verschiedenen Orten, 07407 Rudolstadt
www.rudolstadt-festival.de

FESTIVAL

Denkort der Demokratie

60

Historische Stätte Schloss Schwarzburg

Dass sich auf Schloss Schwarzburg wichtige Geschehnisse zugetragen haben, stellt man beim Anblick der imposanten, das Schwarzatal überblickenden Festung nicht infrage. Und tatsächlich wurde das ehemalige Jagdschloss durch keinen anderen als Friedrich Ebert bekannt. Der damalige Reichspräsident unterzeichnete auf Schloss Schwarzburg die Weimarer Reichsverfassung. Heute soll der „Denkort der Demokratie" nach jahrelangem Leerstand Stück für Stück wieder der Öffentlichkeit zugänglich gemacht werden. Geplant ist ein touristisches Zentrum mit überregionaler Wirkung. Es soll wieder Leben in die alten, prunkvollen Ballsäle und Zimmer einkehren: mit Ausstellungen, Konzerten und Festen.

Bei einer Führung durch das Schloss bekommen Besucher einen detaillierten Einblick in den außergewöhnlichen Restaurierungsprozess des Schlosses. Die Spuren, welche die Zeit im Laufe der Jahre im alten Gemäuer hinterlassen hat, werden nicht überstrichen oder beseitigt, sondern in die Aufbereitung der alten Gemächer integriert. So erzählt der beeindruckende Ahnensaal mit seiner kunstvoll verzierten Decke und den bodentiefen Fenstern zum einen von einer Zeit, in der noch prunkvolle Feste den Raum füllten, und zum anderen von einer Zeit, in der uneingeladene Eindringlinge das Schloss verunstalteten und Schmierereien an den Wänden hinterließen.

Und so wie die guten und schlechten Momente zu unserem Leben gehören, verschließt auch Schloss Schwarzburg nicht die Augen vor dem Unangenehmen, sondern erzählt stattdessen die Geschichte des alten Gemäuers. Dabei arbeiten die Architekten des Schlosses mit gedeckten Farben und minimalistischen Elementen, einer Fusion aus Tradition und Moderne.

Am Ende des Tages nimmt jeder Besucher des Schlosses Schwarzburg sein ganz eigenes Erlebnis mit nach Hause. Vielleicht vom noch spürbaren Geist längst vergangener Feste? Oder schlichtweg von der Vorfreude auf zukünftige Begegnungen und Veranstaltungen im geschichtsträchtigen Gemäuer?

● Schloss Schwarzburg, Schlossstraße 1a, 07427 Schwarzburg, Tel. (03 67 30) 3 96 30
www.schloss-schwarzburg.de
● ÖPNV: Bus 313, 333, 390, Haltestelle Schwarzburg, Rondell

Im Schokoladenhimmel

61 Süßes Glück in der Viba Nougat-Welt

Unter dem Motto „Mitmachen – Erleben – Genießen" wurde die Viba Nougat-Welt in der Fachwerkstadt Schmalkalden erbaut. Schon auf dem Parkplatz vor der „gläsernen Praline" strömt der herrlich süße Schokoladenduft den Besuchern der Erlebniswelt entgegen. Dort kann man nicht nur tief in die Geschichte des Nougats eintauchen, sondern auch hautnah erleben, wie die Viba-Lieblingspraline hergestellt wird. Gemeinsam mit einem Gästeführer beginnt die spannende Tour durch die Viba Nougat-Welt in der interaktiven Ausstellung und endet in der Schauconfisserie mit einigen Kostproben. Ein Highlight während der Tour ist wohl der große Nougatbrunnen, wo man nach Lust und Laune die flüssige, warme Schokolade mit knusprigen Waffeln verkosten darf.

Glücklicherweise muss der Besuch in der Erlebniswelt nach der Führung noch nicht enden. In der Viba Nougat-Welt haben Hobbychocolatiers die Möglichkeit, ihre eigenen Pralinen herzustellen.

Wer professionell Schokolade schöpfen und Pralinen verzieren möchte, der muss sich natürlich auch, dem Anlass entsprechend, kleiden. Also Haube auf, Schürze um, und los geht die kreative Arbeit. Die Utensilien werden natürlich von der Nougatwelt gestellt, und die Schokoladenherstellung erfolgt unter fachmännischer Anleitung. Dabei hat man zum einen die Möglichkeit, themenbezogene saisonale Kurse zu belegen oder auch einen privaten Kurs für eine große Gruppe zu buchen.

Ob gemeinsam mit Freunden, Familie oder Kollegen – die Schokoladenworkshops sind ein absolut köstliches Erlebnis. Mit den selbst gemachten Pralinen im Gepäck kann man sich anschließend im Viba Genießerrestaurant kulinarisch verwöhnen lassen. Mit Blick auf die Parkanlage kann man die Geschehnisse in der Nougatwelt Revue passieren lassen. Konnte man seiner eigenen, selbst gemachten Schokolade nicht widerstehen, hat man die Möglichkeit, sich mit seinen Lieblingspralinen im großen Shop einzudecken.

- Viba Nougat-Welt, Nougat Allee 1, 98574 Schmalkalden, Tel. (0 36 83) 6 92 16 00
www.viba-schmalkalden.de
- ÖPNV: Ab Bf. Schmalkalden 700 Meter zu Fuß

Pittoresker Balkon

62

Die Ottilienkapelle über den Dächern Suhls

„Diesen Weg auf den Höh'n bin ich oft gegangen." So beginnt das berühmte Rennsteiglied von Herbert Roth. Dem Suhler Musiker ist in der thüringischen Kleinstadt sogar ein ganzer Wanderweg gewidmet. Zweiundzwanzig Kilometer führen durch den von ihm oft besungenen Thüringer Wald um Suhl. Verschiedene Auf- und Abstiege machen die Wanderung zu einer unvergesslichen Herausforderung.

Der wohl schönste Aussichtspunkt befindet sich über den Dächern der Stadt auf dem Ottilienfelsen – die neogotische Ottilienkapelle. Nur wenige Gehminuten vom Stadtzentrum entfernt, vorbei an der alten Villa des Fahrzeugherstellers „Simson", geht es steil bergauf zum „Balkon Suhls", wie die Bewohner der Stadt den Aussichtspunkt an der Ottilienkapelle liebevoll nennen. Von dort aus kann man nicht nur seinen Blick über die Stadt und ihre vielen Marktplätze schweifen lassen, sondern auch über die umliegenden Thüringer Berge, welche die Stadt umschließen. Wer seine Wanderung verlängern möchte, hat die Möglichkeit, in nur zwanzig weiteren Gehminuten die „Spitze" des Dombergs und den Bismarckturm zu erklimmen.

Erspäht man den Ottilienstein von der Suhler Innenstadt aus, könnte man fast meinen, dass es sich hier um einen verwunschenen Ort handelt. Und tatsächlich ranken sich um den Aussichtspunkt und seinen Namensursprung allerhand Sagen. Ob der Name von der Schutzheiligen des Augenlichts stammt oder einer einfachen Bergmannsbraut mit einer tragischen Liebesgeschichte, ist bis heute ein Rätsel. Sicher ist jedoch, dass im achtzehnten Jahrhundert eine dem Felsen entspringende Heilquelle entdeckt wurde. Damit ist die gesundbringende Wirkung des Ottilienfelsens nicht mehr zu leugnen: Sei es der wohltuende Ausblick über Berg und Tal oder der anspruchsvolle, aber schnelle Anstieg hinauf zum Felsen. Romantiker aufgepasst: Wem es hier besonders gefällt, der kann sich in der Kapelle sogar trauen lassen.

TIPP

An Heiligabend heißt es: Ohren spitzen! Auf dem Felsen spielt jährlich eine Blaskapelle.

- Ottilienkapelle, Dombergweg, 98527 Suhl
- ÖPNV: Bus C1, C2, S 40, Haltestelle Werner-Seelenbinder-Straße, Suhl (550 Meter zu Fuß)

Blaue Schätze

63 Der Heidelbeerpfad in Mengersgereuth-Hämmern

Der Heidelbeerpfad in Mengersgereuth-Hämmern hält ein, was der Name verspricht. Den Wegesrand säumen in der Saison von Juni bis September die saftigen blauen Beeren. Wer also beim Wandern hungrig wird, hat sofort eine fruchtige und gesunde Stärkung zur Hand. Doch nicht nur die außergewöhnliche Menge an Waldbeeren machen den Pfad im Thüringer Wald so besonders, sondern auch die verschiedenen Orte, die man auf der Wanderung entdecken kann.

Startpunkt der Tour ist die Weggabelung am Forsthaus Augustenthal in Mengersgereuth-Hämmern. Das Gasthaus lädt bei traditioneller Thüringer Küche zum Verweilen ein. Im Sommer kann auch auf der Terrasse des Wirtshauses bei einem kühlen Getränk eine längere Pause eingelegt werden. Gleich hinter dem alten Forsthaus folgt man dem Heidelbeerpfad zur alten Schauköhlerei. Das Köhlerhandwerk widmete sich der Holzkohleherstellung und stellte einen der wichtigsten Berufe im Thüringer Wald dar. In der Schauköhlerei kann man nicht nur Modelle des Meilers, den „Ofen" zur Kohlegewinnung, sondern auch die alten Behausungen der Köhler ausgiebig erkunden. Einmal im Jahr findet hier auch das Köhlerfest statt, auf dem der alten Handwerkstechnik gedacht wird. Die eigentlichen Attraktionen des Festes sind ein selbst gebrauter Kräuterschnaps, das „Köhlerblut", und der deftige „Köhlergulasch". Vorbeischauen und Kostproben nehmen lohnt sich also!

Gleich hinter der Schauköhlerei finden die üppigen Heidelbeersträucher ihren Anfang. Für eine Erfrischung an heißen Sommertagen erreicht man nach nur zehn Minuten Fußweg eine weitere Attraktion. Eine breite Ausbuchtung des Flusses Effelder, welche von den Dorfbewohnern liebevoll „Pferdedümpel" genannt wird und gerade groß und tief genug ist, um sich kurz im türkisblauen Wasser abzukühlen und ein paar Züge zu schwimmen. Ein kleines Paradies mitten im Wald!

TIPP
Im Winter führt eine Skiloipe direkt ins hohe Thüringer Schiefergebirge bis ins Örtchen Steinheid.

- Gasthaus & Pension Forsthaus Augustenthal, Augustenthal 1, 96528 Frankenblick, Tel. (0 36 75) 74 61 29, www.augustenthal.de
- ÖPNV: Bus 702, Haltestelle Mengersgereuth-Hämmern, Augustenthal (550 Meter zu Fuß)

Wann kommt die Bahn?

64 Verweilen im Bahn-Hofladen Rottenbach

Der malerische kleine Bahnhof in Rottenbach gilt als das Tor zum Schwarzatal. Und obwohl hier regelmäßig Regionalbahnen verkehren, fristete das alte Bahnhofsgebäude lange ein eher trauriges Dasein. Nach einer aufwendigen Restaurierung ist der Bahnhof in Rottenbach nun zu einem echten architektonischen Schmuckstück geworden. Schwarzer, glänzender Schiefer ziert, wie für die Region typisch, die Fassade des Hauses, und vor den weiß getünchten, bodentiefen Fenstern lädt eine breite Holztreppe zum Verweilen ein. Das Innere des alten Bahnhofs beherbergt seit der Sanierung den „Bahn-Hofladen", welcher verschiedenste Produkte aus der Region anbietet. Als einziger Lebensmittelladen in Rottenbach erstreckt sich die Produktvielfalt von Brötchen aus der lokalen Bäckerei über lokale Fleisch- und Wurstwaren bis hin zu heimischen Kräutern.
Der Bahn-Hofladen in Rottenbach ist aber nicht nur etwas für Besucher auf der Durchreise. Das schöne Ambiente des alten Bahnhofsgebäudes lässt sich besonders gut auf der Terrasse bei einem Eis aus Sitzendorf, einem Stück Blechkuchen und einer Tasse Kaffee genießen. Dabei hat man beste Sicht auf das Treiben an den Gleisen und die vorbeiratternden Regionalbahnen. Mit ein bisschen Glück kann man sogar einen Blick auf die berühmte Schwarzatalbahn erhaschen. Das alte Bahnhofsgebäude dient außerdem als Versammlungsort und Bürgertreffpunkt. Im Jahr 2020 wurde der Bahn-Hofladen in Rottenbach sogar mit dem Sonderpreis „Bahnhof des Jahres" ausgezeichnet. Na, wenn das kein Grund ist, hier einen längeren Aufenthalt einzuplanen! Das Bistro des „Bahn-Hofladens" hat übrigens alles, was das Touriherz begehrt: Briefmarken, Postkarten und freies WLAN. Den persönlichen Urlaubsgrüßen, ob in analoger oder digitaler Form, steht also nichts mehr im Wege. Wer die nahe Umgebung lieber zu Fuß erkundet, sollte sich den Klosterweg über Paulinzella bis nach Königssee nicht entgehen lassen. Schließlich muss nicht jeder, der den Bahnhof besucht, unbedingt den nächsten Zug nehmen.

- Bahn-Hofladen e.G., Am Bahnhof 3, 07426 Königsee, Rottenbach, Tel. (03 67 39) 59 39 29, www.bahn-hofladen.de
- ÖPNV: Diverse Bahnen und Busse, Haltestelle Bahnhof Rottenbach

BahnHofladen

Wächter der Lüfte

65 Höhenflüge in der Falknerei am Rennsteig

Einmal die erhabenen Wächter der Lüfte aus nächster Nähe erleben, den Luftzug ihrer großen Schwingen über dem Kopf spüren und in die uralte Profession des Falkners eintauchen – all das und noch viel mehr bietet ein Besuch in der Falknerei am Rennsteig.

Die Vogelwarte ist ein Familienbetrieb, welcher seine Anfänge in der Leidenschaft von Ralf Schubach fand. Der Familienvater machte sein Hobby zum Beruf, seine Kinder Lisa und Elias taten es ihm gleich und ließen sich zu professionellen Falknern ausbilden. Heute kümmern sie sich nicht nur um verletzte Raubvögel und deren Wiederauswilderung, sondern wollen auch so vielen Menschen wie möglich die Verbundenheit zur Natur und ihren Lebewesen wieder näherbringen. Von März bis November begeistert Familie Schubach die Besucher der Falknerei mit täglichen Flugshows – ein unvergessliches Erlebnis für die ganze Familie. Bei dieser interaktiven Attraktion kann es dann natürlich auch mal vorkommen, dass ein Uhu oder Weißkopfseeadler auf Opas Hut oder der eigenen Schulter landet.

Familie Schubach steht auch außerhalb der Flugshows mit allerhand wissenswerten Informationen und Geschichten rund um ihre geflügelten Gefährten zur Verfügung. Wer noch tiefer in die Welt der Falkner eintauchen möchte, hat die Möglichkeit, an einem Erlebnistag als Falkner teilzunehmen, einer Beizjagd beizuwohnen und sogar seinen Junior-Falknerschein zu machen. Sicher ist, dass das Abenteuer in der Falknerei am Rennsteig an jeder Ecke wartet.

Unter den tierischen Bewohnern der Vogelwarte verstecken sich sogar ein paar Fernsehstars: Einige Eulen und Raubvögel haben unter anderem im Kinofilm „Bibi und Tina“, bei „Schloss Einstein“ und im „KiKA Baumhaus“ mitgespielt. Aber keine Sorge, bis jetzt wurden noch keine Starallüren bei den Vögeln festgestellt. Egal ob als Besucher der Flugshow oder als Teilnehmer des Erlebnistages als Falkner – die Falknerei am Rennsteig ist ein Ort voller Tierliebe, Wissen, Naturverbundenheit und unzähliger Glücksmomente.

● Greifenwarte Falknerei am Rennsteig, Liebensteiner Str. 108, 99891 Waltershausen, Ortsteil Winterstein, Tel. (03 69 29) 8 02 64, www.rennsteigfalknerei.de
● ÖPNV: Ab Bf. Ruhla Bus 140, 142, 196, Haltestelle Rennsteig/Wallfahrt, Bad Liebenstein (2 Kilometer zu Fuß)

Barockes Spektakel

66 Kulturort Schloss Friedenstein in Gotha

Auf der Fahrt durchs Thüringer Becken Richtung Gotha sieht man sie schon ab und zu in der Ferne aufblitzen: die Türme von Schloss Friedenstein. Das Barockschloss, welches sich auf einer Anhöhe im Zentrum der gemütlichen Kleinstadt befindet, ist ein Zeitzeuge der besonderen Art. Denn das ehemalige Herzogtum Sachsen-Coburg-Gotha gilt als die Wiege der britischen Monarchie, wie wir sie heute kennen. Hier lebten unter anderem die Vorfahren von Königin Victoria. Allein diese Tatsache macht den Besuch des Schlosses noch aufregender, wenn man bedenkt, welche wichtigen Persönlichkeiten einst durch die Hallen des Schlosses wandelten. Vom prunkvollen Festsaal über die Kunstkammer bis hin zu den herzoglichen Appartements beherbergt das Schloss viele noch gut erhaltene Räume aus längst vergangenen Zeiten.

TIPP

Es lohnt sich ein Spaziergang durch den Schlosspark bis hin zum imposanten herzoglichen Museum.

Auf Schloss Friedenstein kommen auch der Kunst- und Kulturgenuss nicht zu kurz. Neben dem Schlossmuseum befindet sich im weitläufigen Komplex das berühmte Ekhof-Theater. Das aus dem 17. Jahrhundert stammende Hoftheater begeistert seine Zuschauer noch heute mit der originalen hölzernen Bühnentechnik und den authentischen barocken Kostümen. Ein weiteres Highlight auf Schloss Friedenstein ist das jährlich im August stattfindende Barockfest. Besucher des zweitägigen Spektakels können unter bunten Roben und lebensnahen Darstellungen der geschichtlichen Hintergründe gut nachvollziehen, wie das Leben vor vielen Jahren auf Schloss Friedenstein ausgesehen haben muss. Langeweile kommt nicht auf: Ein historisches Karussell, Konzerte, Kutschfahrten, historische Händler und ein großes Feuerwerk sorgen für erstklassige Unterhaltung. Möchte man voll und ganz in die barocke Welt des Schlosses eintauchen, kann man verschiedenste Kostüme zum Verkleiden anprobieren. Und auch in der kalten Jahreszeit lohnt sich ein Abstecher zum Schloss Friedenstein. Der große Innenhof beherbergt zur Weihnachtszeit einen urgemütlichen kleinen Weihnachtsmarkt und eine Eislaufbahn.

- Schloss Friedenstein, Schlossplatz 1, 99867 Gotha, Tel. (0 36 21) 8 23 40
www.stiftungfriedenstein.de
- ÖPNV: Tram 1, 2, 4, Haltestelle Gotha, Orangerie

Unter Tage

67 Versteckte Magie in den Saalfelder Feengrotten

Raschelnde braune und grüne Umhänge bewegen sich leise durch dämmrige Gänge. Vorbei an schimmernden Steinen, in verschiedensten Blau- und Grüntönen, langsam dem Licht entgegen. Plötzlich zeigt sich ein glasklarer, dunkler See, gesäumt von meterhohen Tropfsteinen, deren Abbild sich im Wasser spiegelt. Augen schließen und langsam wieder öffnen: Dies ist keine Illusion, sondern der Märchendom der Saalfelder Feengrotten.

Was scheint wie eine Traumreise durch die eigene Fantasiewelt, ist in Wirklichkeit eine Tour durch das ehemalige Alaunschieferwerk „Jeremias Glück". Mit den Worten „Glück auf" wird man von seinem Guide in traditioneller Bergmannskluft begrüßt. Bevor das Abenteuer unter Tage starten kann, erhalten auch Besucher der Feengrotten robuste Umhänge, welche ihre Kleidung vor tropfendem, mineralhaltigem Wasser in der Höhle schützen sollen. Neben der passenden Kleidung gibt es allerhand Insiderinformationen zum Bergbau in Thüringen.

Die eigentliche Attraktion sind jedoch die Grotten selbst. So hat es die Farbenvielfalt des Gesteins sogar ins Guinnessbuch der Rekorde als farbenreichste Schaugrotte der Welt geschafft. Als wohl imposanteste Grotte im ehemaligen Bergwerk gilt der „Märchendom". Zahlreiche Stalagmiten und Stalaktiten umringen ein natürliches Wasserbecken, Spiegelungen auf dem Wasser lassen den Raum noch größer wirken. Die sogenannte Gralsburg und die sich über dem See befindenden Tropfsteine gleichen einem Feenschloss samt Hofstaat und sollen den Grotten ihren Namen gegeben haben.

Auf einer geführten einstündigen Tour oder bei einem erholsamen zweistündigen Aufenthalt im Heilstollen der Feengrotten kann man die Farbenpracht und die einzigartigen Gebilde erleben. Für tiefe Entspannung sorgt die reine Grubenluft und verbreitet dabei noch eine positive Wirkung auf den gesamten Organismus. Zurück im Tageslicht kann der restliche Aufenthalt im Feenweltchen, in der Grottenschenke oder dem Erlebnismuseum „Grottoneum" verbracht werden.

- Saalfelder Feengrotten, Feengrottenweg 2, 07318 Saalfeld/Saale, Tel. (0 36 71) 5 50 40, www.feengrotten.de
- ÖPNV: Bus A, Haltestelle Saalfeld Feengrotten

Auf Gullivers Reisen

68 Kleine Freuden im mini-a-thür in Ruhla

Eingebettet in einem lauschigen Tal bei Ruhla, liegt „mini-a-thür", Thüringens einzige Miniaturwelt. Mit einer Fläche von 18.000 Quadratmetern geht der Park fast schon als eine kleine Version des bekannten Hamburger Miniaturwunderlands durch. Die Besonderheit: Im mini-a-thür werden nur Bauwerke aus Thüringen ausgestellt. Und weil man sich auf einem Rundgang durch das weitläufige Areal vor allem auch Inspirationen für den nächsten Ausflug holen kann, ist der Miniaturpark in Ruhla nicht nur für Modellbaufans ein lohnenswertes Ausflugsziel. Seit seiner Eröffnung 1999 kommen zu den über hundert Modellen jährlich neue Gebäude hinzu. Vom schmucken Barockschloss über den mondänen Erfurter Hauptbahnhof bis hin zur imposanten Wartburg – Thüringens schönste Orte kann man im Kleinformat genauer begutachten.

Auch interaktive Details machen die Ausstellung zu einem abwechslungsreichen Erlebnis. Mit nur einem Knopfdruck kann der Modellzug zwischen Eisenach und Altenburg gestartet und bei seiner Reise Schritt für Schritt begleitet werden. Und wer zwischen den präzise gestalteten Modellen umherschlendert, dessen Augenmerk fällt vielleicht auf eine nicht ganz so kleine Holzfigur am Waldrand: den „Wuwwerbözer". Ein sagenumwobener Berg- und Waldgeist, welcher liebevoll der „Hausgeist Ruhlas" genannt wird. Eine Infotafel neben der hölzernen Statue verrät allerhand Wissenswertes über die Sagenfigur.

Neben der ein oder anderen übernatürlichen Erscheinung beherbergt das „mini-a-thür" auch einige tierische Bewohner. Die Ziegen Frieda und Elfriede warten auf die nächste Streicheleinheit, am Berghang grasen Alpakas, und auf dem Weg zum nächsten Modell-Highlight kann es schon mal vorkommen, dass eine kleine Entenfamilie einem ganz frech die Vorfahrt nimmt.

Vor den Toren des Miniaturparks geht es rasant zu: Eine Sommerrodelbahn mit 111 Metern Höhenunterschied und einem Gefälle von dreiundzwanzig Prozent bietet den perfekten Abschluss der kleinen Reise durch Thüringen im Taschenformat.

- mini-a-thür, Geschwister-Scholl-Straße 32, 99842 Ruhla, Tel. (03 69 29) 8 00 08 www.mini-a-thuer.de
- ÖPNV: Bus 140, 142, 144, Haltestelle Bahnhofstraße Klubhaus, Ruhla (1 Kilometer zu Fuß)

STOP

Auf Zeitreise

69 Das Hennebergische Museum Kloster Veßra

Eingebettet in einem sanften Tal am Rand des Thüringer Waldes liegen das ehemalige Kloster Veßra und das Hennebergische Museum. Gestiftet durch den Grafen von Henneberg, ist die alte Klosterruine und Domäne heute vor allem ein vielfältiges Ausflugsziel für die ganze Familie. Neben der imposanten Ruine des Klosters und der gut erhaltenen Klosterkirche St. Marien beherbergt das weitläufige Areal außerdem das Hennebergische Freilichtmuseum. Hier können verschiedene Gebäude aus der Klosterzeit und Fachwerkhäuser des Henneberger Landes auf eigene Faust erkundet werden. Bei Besichtigung der idyllischen Häuser scheint es fast so, als seien die Bewohner nur kurz „ausgeflogen" und gewähren dem Besucher einen ganz intimen Einblick in ihre Lebens- und Arbeitswelt. Denn jedes der Gebäude ist vollständig eingerichtet und erzählt seine ganz eigene Geschichte.

Ein Rundgang durch das Hennebergische Museum fühlt sich deswegen fast ein kleines bisschen wie eine Zeitreise an. Man kann gut nachvollziehen, wie das Leben im Thüringer Wald in den vergangenen Jahrhunderten gewesen sein muss, und erkennt vielleicht sogar manche Dinge wieder, die sich immer noch in Omas Küche und Wohnstube befinden.

TIPP

Ein Besuch in der blauen „Medienlaube" lohnt sich vor allem für die kleinen Gäste.

Das weitläufige Gelände besticht außerdem mit einer heimeligen Atmosphäre: Gackernde schwarze Hühner ziehen über den Hof, und in der Ferne hört man das sanfte Plätschern der alten Wassermühle. Der kulinarische Hotspot des Museums befindet sich gleich hinter dem Kirchenschiff der Klosterkirche. Mit liebevoller Bewirtung, frisch gebackenem Kuchen und deftigen Köstlichkeiten lädt das Café am Klostergarten zum Verweilen ein. Zwischen duftenden Kräutern des Klostergartens bietet der Blick auf die markanten Türme des Klosters einen schönen Abschluss.

Über das ganze Jahr verteilt, finden im Hennebergischen Museum Kloster Veßra vielfältige Veranstaltungen statt. So haben zum Beispiel jedes Jahr im März Interessierte die Möglichkeit, dem Brauprozess des Museumsbiers in der alten Brauerei vor Ort beizuwohnen.

- Hennebergisches Museum Kloster Veßra, Anger 35, 98660 Kloster Veßra, Tel. (03 68 73) 6 90 30, www. museumklostervessra.de
- ÖPNV: Ab ZOB Hildburghausen Bus 223, Haltestelle Kloster Veßra, Ort

Tor zum Universum

70 Gestirne erkunden in der Sternwarte Sonneberg

Der 633 Meter hohe Sternwartenberg Erbisbühl thront mit dem Stadtteil Neufang über der ehemaligen Spielzeugstadt. Wer der Hauptstraße bis zum Ortsende folgt, den empfängt nach nur zweihundert Metern ein bemerkenswerter Anblick: Am Waldrand offenbaren sich die silbern glänzenden Kuppeln der Sonneberger Sternwarte.

Vor über 100 Jahren ermöglichte der bekannte Astronom Cuno Hoffmeister den Bau der Sternwarte. Diese beherbergt heute das weltweit zweitgrößte Fotoplattenarchiv des Sternenhimmels. Die Sonneberger Sternwarte ist eine wichtige Anlaufstelle für Astronomen weltweit. Heute soll sie aber vor allem ein Begegnungsort sein. Im ältesten Gebäude der Sternwarte befindet sich ein Astronomiemuseum, in welchem das kostbare Wissen rund ums Universum der Öffentlichkeit zugänglich gemacht wird.

In der Sternwarte finden neben verschiedensten Führungen durch die Ausstellung auch regelmäßig Vorträge und Infoveranstaltungen statt. Jeden Samstag haben begeisterte Sternengucker die Möglichkeit, an einem öffentlichen Beobachtungsabend teilzunehmen. Ein fast schon magisches Erlebnis, bei dem man die endlose Weite des Universums durch eines der geschichtsträchtigen Teleskope in den Sternwartenkuppeln entdecken kann. Wer würde schließlich nicht gerne mal einen Blick auf die Ringe des Saturns oder die Kraterlandschaften des Mondes werfen? Romantiker können in der großen Schmidt-Kuppel der Sternwarte sogar heiraten und sich im Beisein von bis zu 50 Gästen bei stimmungsvoller Akustik unter der imposanten Kuppel das Jawort geben.

Nach einer ausgiebigen Erkundung der Sternwarte sollte auf jeden Fall noch ein Rundgang über den Sternwartenberg auf dem Plan stehen. Als einer der höchsten Punkte im Sonneberger Umland hat man hier einen fantastischen Blick. Bei gutem Wetter kann man sogar die Veste Coburg und den Staffelberg im benachbarten Franken sehen.

- Astronomiemuseum der Sternwarte Sonneberg, Sternwartestraße 32, 96515 Sonneberg, Tel. (0 36 75) 8 12 18, www.astronomiemuseum.de
- ÖPNV: Bus 804, C, Haltestelle Sonneberg, Neufang, Sternwarte (450 Meter zu Fuß)

Von Dichtern und Gipfeln

71 Ruhe finden auf dem Kickelhahn in Ilmenau

„Über allen Gipfeln ist Ruh …“ heißt es in Goethes „Wandrers Nachtlied“, und diese außergewöhnliche Ruhe kann man besonders gut auf dem Ilmenauer Hausberg, dem Kickelhahn, genießen. Wer einfach mal aus dem Alltag ausbrechen möchte und sich nach einem Perspektivenwechsel sehnt, der sollte eine Wanderung auf den 861 Meter hohen Berg angehen. Von oben betrachtet, scheinen die meisten Probleme ja bekanntlich ganz klein.

Die Route hinauf zum Kickelhahn ist Teil des Goethewanderwegs und beginnt am Ilmenauer Marktplatz. Von der lebendigen Stadtmitte Ilmenaus hinein ins satte Grün dauert es ungefähr eine Stunde, bis man den Gipfel des Kickelhahns erreicht hat. Die viel gelobte Aussicht des Bergs hält, was sie verspricht: einen wahrlich atemberaubenden Ausblick auf das umliegende Wäldermeer und die entfernten Gipfel des Inselsbergs und des Schneekopfs. Für einen noch besseren Weitblick sollten unbedingt die 107 Stufen des Kickelhahnturms erklommen werden. Hungrige Wanderer sind übrigens auf dem Kickelhahn bestens versorgt. Die ansässige Gaststätte versorgt Gipfelstürmer mit deftiger Hausmannskost und erfrischenden Getränken.

Bei einem Besuch des Kickelhahns sollte man die Zeit des Sonnenuntergangs nicht verpassen. Sobald die Sonne den Horizont berührt, scheint es, als stünde der ganze Wald in Flammen. Ein unvergesslicher Anblick! Die spektakuläre Aussicht und unvergleichliche Atmosphäre auf dem Kickelhahn hat sogar Deutschlands wohl berühmtesten Dichter inspiriert. Nur wenige Meter vom Kickelhahnturm entfernt, hat bereits Goethe residiert. In der alten Jagdhütte schrieb der Dichter auf die innere Bretterwand „Des Wandrers Nachtlied“. Noch heute kann man selbst in der Hütte einkehren und über die Verse des großen Dichters und Denkers nachsinnen, die übersetzt in verschiedene Sprachen im Inneren des Goethehäuschens abgebildet sind.

Schon gewusst: Der Name Kickelhahn leitet sich übrigens vom Auerhahn ab, einem beliebten Jagdobjekt in den Wäldern rund um Ilmenau.

- Kickelhahn, 98693 Ilmenau
- ÖPNV: Bus 300, Haltestelle Manebach Sportplatz, Ilmenau, (3 Kilometer zu Fuß)

Grüne Kulturoase

72 Erholung im Englischen Garten Meiningen

Es grünt so grün in Meiningens Stadtmitte. Auf rund zwölf Hektar erstreckt sich der „Englische Garten", einer der wenigen Parks in Deutschland, der den Ansprüchen eines traditionellen englischen Landschaftsgartens gerecht wird. Initiiert von Herzog Georg I. von Meiningen fügt sich der Park perfekt in Meiningens Stadtbild ein. Ihn säumen alte Villen, das große Palais und das berühmte Meininger Staatstheater. Neben sanften Hügeln, vereinzelten Baumgruppen und zwei Seen ist es besonders die künstlich angelegte Burgruine, welche die Aufmerksamkeit der Spaziergänger auf sich zieht.

Die Ruine kann über eine Brücke erreicht und ausgiebig erkundet werden. Von dort aus erblickt man die auf dem Schwanenteich und dem Eisteich befindlichen Inseln, wo die Grabmäler der Meininger Herzogfamilie errichtet wurden. Eine weitere Reihe von Memorabilien zieht sich durch den restlichen Park. Dazu zählen verschiedene Denkmäler wichtiger Größen, die in Meiningen Kulturgeschichte geschrieben haben, wie der Musiker Hans von Bülow, der Dichter Jean Paul, der Märchendichter Ludwig Bechstein und der Komponist Max Reger. Das wohl bedeutendste Denkmal wurde Johannes Brahms gewidmet. Wer bei einem Spaziergang durch den Englischen Garten in Meiningen gerne ein Ziel vor Augen hat, sollte seine Route entlang der verschiedenen Denkmäler planen, so hat man auch die Möglichkeit, den gesamten Park aus den verschiedenen Sichtachsen zu betrachten. Mal fällt der Blick auf die Spiegelung der alten Bäume im Wasser der Teiche, mal auf die Rückwand des imposanten Theaters. Unterwegs auf den sich durchs satte Grün schlängelnden Wegen kann es schon mal vorkommen, dass man den ein oder anderen Künstler des Theaters beim Textelernen oder Sinnieren im Park antrifft. Egal ob Schauspieler oder Tourist, der Englische Garten ist für jedermann ein ganz besonderes Refugium voller Geschichten und Leben, mitten in der kleinen Kuturstadt nahe des Thüringer Waldes.

- Englischer Garten, 98617 Meiningen
- ÖPNV: Diverse Bahnen und Busse, Haltestelle Bf. Meiningen (200 Meter zu Fuß)

Kulinarische Überraschung

73 Fast Food Fusion in der Pitaria in Oberhof

Was man wohl auf dem Parkplatz an der B247, kurz hinter dem Ortsausgang von Oberhof, nicht erwarten würde, ist eine griechische Taverne. Mit ihren grellgrünen Fensterläden und dem Dachvorsprung sticht die Pitaria nicht nur optisch aus dem oft dichten Schneegestöber in Oberhof hervor. Es ist vor allem der experimentierfreudige Zugang zur thüringischen Küche, der einen Stopp am Imbiss zu einem besonderen Erlebnis macht. In der Pitaria werden unter anderem die typischen Deutschen Fast-Food-Klassiker angeboten. Wer jedoch Brötchen oder Mischbrot als Beilage für Brat- oder Currywurst erwartet, sucht vergeblich. In der Pitaria werden die Klassiker nur im Pitabrot serviert. Hier sollte man nicht vor der etwas außergewöhnlichen Kombi zurückschrecken. Probieren lohnt sich nämlich allemal. Der Kassenschlager „Pita mit original Thüringer Bratwurst im Speckmantel" wartet nicht nur mit frischen Zutaten und selbst gemachten Soßen auf, er ist auch der perfekte Wegbegleiter für die anschließende Wanderung durch den Thüringer Wald.

Als weiteren Pluspunkt für einen Besuch des griechischen Imbisses bietet der Standort die perfekte Ausgangslage für Abenteuer in der Umgebung, egal ob ins Zentrum von Oberhof oder direkt hinein in den Thüringer Wald. Das Wald- oder Skiabenteuer ist nur ein paar Schritte entfernt. Auch nach der Rückkehr aus dem Wald bietet das Innere der Pitaria genügend Platz, sich aufzuwärmen oder davor auf rustikalen Sitzgelegenheiten aus Europaletten zu entspannen.

Neben seiner außergewöhnlichen Kombination aus griechischer und deutscher Küche verspricht die Pitaria in Oberhof mit seinem Besitzer Kosta Metzeler jede Menge Gastlichkeit. Diese zeigt sich besonders in der liebevollen Zubereitung seiner Fast-Food-Spezialitäten. Jedes Fladenbrot wird mit hochwertigem nativem Olivenöl bestrichen, mit frischem Gemüse belegt und anschließend mit hausgemachtem Zaziki getoppt.

TIPP

Unbedingt probieren – Sweetikis, ein süßes Pitabrot mit Nutella, Mandelsplittern und Banane.

- Die Pitaria, Parkplatz an der B247, 98559 Oberhof, Tel. (01 79) 4 48 55 87 www.die-pitaria.de
- ÖPNV: Bus 422, 423, 448, 860, Haltestelle Bbf. Oberhof (ca. 500 Meter zu Fuß)

Pitaria
German Snacks
Fresh
PITARIA
Quality
Meet Heller
P
IMBISS

Magische Höhlenbewohner

74 Die sagenumwobene Zinselhöhle in Meschenbach

Geschichten von Zwergen und Feen, von Riesen und Waldgeistern prägten früher den Alltag der Bewohner des Thüringer Waldes. Zwischen kantigen Felsvorsprüngen und saftigen Moosflächen versteckte sich die Anderswelt, verantwortlich für das Glück und Unglück im Alltag. Die Zinselhöhle in Meschenbach ist einer dieser sagenumwobenen Orte. Diese soll einst die Heimat der Zinselmännchen gewesen sein. Ein kleines Zwergenvolk, welches auf den umliegenden Äckern seinen Schabernack trieb. Der Sage nach wurden die Zinselmännchen jedoch durch die Boshaftigkeit und Fehler der Menschen aus der Höhle vertrieben. Und obwohl man heute zwar keine Zinselmännchen vorfindet, hat man mit einem Besuch in der Höhle die Möglichkeit, die einzigartige Magie des Ortes zu leben. Und vielleicht sogar die ein oder andere Spur des kleinen Zwergenvolkes zu entdecken.

TIPP
Jedes Jahr im Juli findet auf dem Feld oberhalb der Höhle das Zinselhöhlenfest statt.

Die Naturhöhle aus Muschelkalk im Thüringer Wald wurde durch den Fluss „Retschenbach" in den Berg gewaschen, der Bach fließt noch immer durch große Teile der Grotte, weshalb es auf einer Tour durch den felsigen Hohlraum die richtige Ausrüstung braucht. Besucher werden deswegen vor dem Betreten der Höhle mit traditioneller Bergmannskluft ausgestattet: Helm, Gummistiefel, Jacken und Taschenlampen. Zusammen mit einem ausgebildeten Führer geht es mit einer Gruppe ab sechs Personen dann gemeinsam in die Tiefe, um die verschiedenen Schätze der Zinselhöhle genauer zu observieren.
Wo findet man zum Beispiel das Waschbecken der Zinselmännchen? Oder die verschiedenen Fantasiefiguren aus Stein wie den Löwenkopf, die Schwanzflosse eines Haifischs und die Meerjungfrau? Als ganz besondere Challenge gilt die engste Stelle in der Höhle. Hier sind schon Klettererfahrungen vonnöten, um den Absatz von 1,20 Meter zu überwinden. Wer sich in die Zinselhöhle in Meschenbach begibt, darf sich auf ein außergewöhnliches Abenteuer gefasst machen. Und vielleicht wohnen ja doch noch ein paar Zinselmännchen in den Tiefen der Höhle?

- Zinselhöhle, 96528 Frankenblick, Anmeldung Tel. (03 67 66) 8 02 04
www.gebirgspfade.de/zinselhöhle
- ÖPNV: Bus 701, 702, Haltestelle Rauenstein, Meschenbach
(ca. 1 Kilometer zu Fuß)

Natur-Erlebnis Zinsel-Höhle
Z
Höhle.

Englische Vorlieben

75 Lustwandeln im Schloss und Park Altenstein

In der Nähe des Kurorts Bad Liebenstein, eingebettet in weitläufige Täler und sanfte Hügel, liegt die ehemalige Sommerresidenz der Herzöge von Sachsen-Meiningen: Schloss Altenstein. Ein Besuch des Schlosses und des anschließenden Landschaftsparks fühlt sich an wie eine Zeitreise. Jedoch nicht zwangsweise ins Deutschland des 19. Jahrhunderts, sondern ins viktorianische England. Ausschlaggebend dafür ist die Bauweise des Schlosses. Der damalige Herzog Georg II. wünschte einen Umbau seiner Sommerresidenz im Stil eines englischen Herrenhauses.

Neben den herrschaftlichen Gemächern trägt aber auch die Parkanlage zum besonderen Flair des Ortes bei. Hier kann man noch ganz nach herzoglicher Manier ausgiebig „lustwandeln". Während die verschiedenen Wanderwege im Park bis zu 20 Kilometer umfassen, ist den „feinen Herrschaften" geraten, bei einem ersten Besuch den ca. vier Kilometer langen Rundweg durch die Anlage zu begehen. Dieser führt vorbei an üppigen Grasflächen, sorgfältig angelegten Blumenrabatten, grünen Waldungen, kleinen Grotten und jäh abstürzenden Felsen. Dabei ist das Schloss nicht die einzige architektonische Besonderheit in der Parkanlage. Die Ritterkapelle und das chinesische Häuschen thronen imposant auf kleinen Felsformationen und eröffnen ihren Besuchern einen spektakulären Ausblick über das Werratal bis hin zu den Rhönbergen.

Wer nicht in Wanderstimmung ist, kann bei einer (mitgebrachten) heißen Tasse Tee auf einer der Terrassen oder Pergolen über das Leben sinnieren. In so einer außergewöhnlichen Umgebung wird man doch schnell von der Muse geküsst. Dieser Meinung war auch der Herzog und schuf zu seiner Zeit einen lebendigen Treffpunkt für Kunst und Kultur. Unter den Stammgästen war sogar Johannes Brahms, zu dessen Ehren eine Gedenkstätte im Schloss eingerichtet wurde. Schloss Altenstein vereint so einiges unter seinem Dach: die Chance, ein Stückchen in der Zeit zu reisen, abwechslungsreiche Natur, herausragende Architektur und jede Menge Inspiration.

- Schloss und Park Altenstein, Altenstein 4, 36448 Bad Liebenstein, Tel. (03 69 61) 7 02 22, www.thueringerschloesser.de
- ÖPNV: Bus 41, Haltestelle Altenstein

Il dolce far niente

76 Italien-Vibes in der Ottimo Kaffeerösterei

Die Aussage „Il dolce far niente" kommt aus dem Italienischen und bedeutet so viel wie „das süße Nichtstun". Diesem kann man sich in der Ottimo Kaffeerösterei in Gotha widmen. Und das natürlich, wie könnte es in einer Rösterei anders sein, mit gutem Kaffee oder Espresso.

Im Ottimo sind die bis unter die Decke reichenden Regale gefüllt mit den unterschiedlichsten Röstungen. Bei über vierzig verschiedenen Kaffeesorten kann einem die Wahl schon etwas schwerfallen. Das ist aber kein Problem, denn Ottimo-Besitzer Calogero Patermo berät gerne, um seinen Gästen einen unvergleichlichen Kaffeegenuss zu ermöglichen.

Hat man einmal seine ganz individuelle Bohne gefunden, kann man es sich mit einem Stück selbst gebackenem Kuchen vor der großen Fensterfront des Cafés gemütlich machen. Beobachtet man das bunte Treiben auf den Straßen der Thüringer Kleinstadt, sticht ein Verkehrsmittel besonders heraus: die alte Gothaer Straßenbahn, deren Linien alle paar Minuten an der Rösterei vorbeirattern.

Während die Gäste gemütlich ihren Kaffee schlürfen, steht der Röstereibetrieb jedoch nicht still. Da der große Röster im Gastraum des Cafés steht, kann man live beim sorgfältigen Röstverfahren der Bohnen dabei sein und Calogero und seinem Team über die Schulter schauen. Und während man dem geschäftigen Treiben mit frischem Kaffeeduft in der Nase beiwohnt, schnappt man hier und da auch ein paar italienische Wortfetzen auf, so zum Beispiel auch „Ottimo", was übersetzt „optimal" bedeutet. Und genau dieses Ziel haben sich Calogero und sein Team bei der Kaffeeröstung gesetzt. Eine optimale und entschleunigte Verarbeitung der Bohnen, welche sich um Längen von der industriellen Kaffeeherstellung abhebt.

Hält man sich eine Zeit lang im Ottimo auf, kann man schon mal vergessen, dass man sich eigentlich in Gotha und nicht im Süden Italiens befindet. Ein Grund mehr, sich mal wieder für eine gute Tasse Kaffee eine Auszeit vom Alltag zu nehmen.

- Ottimo Kaffeerösterei, Gartenstraße 21, 99867 Gotha, Tel. (0 36 21) 7 33 88 88
www.kaffee-ottimo.com
- ÖPNV: Tram 1, 3, 4, Bus 821, 822, 830, 842 u. a., Haltestelle Gotha, Gartenstraße

OTTINO

Rustikales Schmuckstück

77 Fachwerkerlebnishaus in Schmalkalden

Das im Südwesten Thüringens liegende Schmalkalden gehört zu den beeindruckendsten Fachwerkstädten Deutschlands. In der Schmalkaldener Altstadt reiht sich eine mittelalterliche Schönheit an die nächste und weckt den Wunsch seiner Besucher, einen Blick ins Innere der pittoresken Häuser zu erhaschen. Unweit vom Stadtkern entfernt, geht dieser Wunsch in Erfüllung: Das Fachwerkerlebnishaus empfängt neugierige Entdecker mit offenen Armen und bietet einen exklusiven Einblick in das Innenleben des ältesten Fachwerkhauses von Schmalkalden. Erbaut im Jahr 1369, wurde das Haus im Laufe der Jahre durch Kriege und Brände stark in Mitleidenschaft gezogen. Durch umfangreiche Sanierungsarbeiten konnte es im Jahr 2013 als Fachwerkerlebnishaus neu eröffnet werden.

TIPP
Öffnungszeiten beachten: Di–Sa, 11–17 Uhr.

Wer durch die rustikale Renaissance-Außentür schreitet, taucht augenblicklich in die außergewöhnliche Atmosphäre eines über sechs Jahrhunderte alten Hauses ein. Einer so alten Herrschaft zollt man seinen Respekt. Das mag einer der Gründe sein, warum sich die meisten Besucher leise und bedächtig über die schiefen Böden, die steilen Treppenaufgänge und die engen Wohnräume bewegen.

Die Einzigartigkeit des Fachwerkerlebnishauses liegt vor allem in den kleinen Dingen: den knarzenden Dielen, dem Blick durch die zierlichen Sprossenfenster auf das bunte Treiben vor dem Haus und den Spuren, welche die Zeit in den alten Holzbalken hinterließ. Im Erdgeschoss des Fachwerkerlebnishauses befindet sich eine kleine Galerie, welche in regelmäßigen Abständen Werke unterschiedlicher regionaler Künstler ausstellt. Die kleine Zeitreise durch die Vergangenheit des märchenhaften Fachwerkhauses ist für Einzelpersonen kostenlos. Genauso wie ein Pläuschchen mit einem der ehrenamtlichen Mitarbeiter des Hauses. Diese haben zu den Öffnungszeiten den ein oder anderen Insider zur Geschichte des Hauses parat. Die neuen Geschichten und Er innerungen kann man übrigens besonders gut bei einem großen Stück Torte in der Konditorei Endter Revue passieren lassen.

- Fachwerkerlebnishaus, Weidebrunner Gasse 13, 98574 Schmalkalden, Tel. (0 36 83) 60 62 42, www.schmalkalden.com/sehenswertes
- ÖPNV: Bus 851, Haltestelle Schmalkalden, Krankenhaus (400 Meter zu Fuß)

fachwerk
13

Paradies für Luftikusse

78 Rasanter Spaß im Funpark Inselsberg

Ist man auf dem Inselsberg auf der Suche nach Glück, findet man dieses nicht nur in Form einer phänomenalen Aussicht über den Thüringer Wald, sondern auch in einem naturnahen Freizeitpark nahe des Berggipfels – dem Inselsberg Funpark. Wie der Name schon vermuten lässt, verspricht ein Aufenthalt im Funpark jede Menge Spaß. Wer die verschiedenen Attraktionen testen möchte, muss jedoch vor allem eins sein: schwindelfrei.

Ob klettern, Seilbahn fahren oder über das Gelände des Parks hinwegfliegen – wie es sich für die Spitze eines Berges gehört, spielt sich der größte Spaß in luftigen Höhen ab. Adrenalin-Junkies sollten deswegen unbedingt den Wie-Flyer testen. Hier wird jeder selbst zum Piloten, denn die Geschwindigkeit der rasanten Attraktion kann selbst gesteuert werden. Eine weitere spannende Attraktion für alle „Luftikusse" ist der Kletterparcours „Rennsteig Fox". Ausgestattet mit einer professionellen Kletterausrüstung, schwingt man sich auf Seilbahnen durch die Lüfte und hangelt sich von Plattform zu Plattform. Dabei rundet der Ausblick über das Wipfelmeer des Thüringer Waldes das Klettererlebnis perfekt ab.

Hat man wieder festen Boden unter den Füßen, geht es gleich zur nächsten rasanten Attraktion, wo Rodelfans auch im Sommer auf ihre Kosten kommen. Die über eintausend Meter lange Sommerrodelbahn erreicht nicht nur eine Höchstgeschwindigkeit von 40 Kilometern pro Stunde, sie bietet auch noch besonderen Komfort, den man auf dem heimischen Rodelhang im Winter nicht hat, nämlich einen eigenen Lift. Nach einer rasanten, selbst gesteuerten Fahrt durch die Flora des Inselsbergs kann man sich entspannt zurücklehnen und die Fahrt zur Spitze genießen.

Neben den dynamischen Attraktionen bietet der Freizeitpark als etwas seichtere Kost eine große Holzmurmelbahn, Minikarts, Bumperboote auf einem kleinen Teich und einen großen Abenteuerspielplatz. Im Panoramagrill kann man sich nach der turbulenten Action stärken. Der Funpark auf dem Inselsberg bietet ein abwechslungsreiches Erlebnis für die ganze Familie!

- Inselsberg-Funpark, Kleiner Inselsberg 3, 98596 Brotterode-Trusetal, Tel. (03 68 40) 3 23 70, www.inselsberg-funpark.de
- ÖPNV: Ab Bbf. Brotterode Bus 142, 857 Haltestelle Kleiner Inselsberg

WIE-FLYER

Skandinavien so nah

79 Luftige Höhen auf dem Bockfelsen

Wilde Landschaft, tiefe Fjorde und unendliche Tannenwälder – wen die Sehnsucht nach dem Norden packt, der muss nicht weit fahren. Im Thüringer Wald gibt es so einige Orte, die schnell vergessen lassen, dass man sich eigentlich gerade in der Mitte von Deutschland befindet.

Einer dieser Orte ist der Bockfelsen, ein aus Schiefergestein bestehender Felsvorsprung oberhalb der Saale. Folgt man dem Feldweg am Ortsausgang des kleinen Örtchens Gössitz, dann vermutet man wohl zuerst nicht, dass sich nach nur wenigen Gehminuten ein unvergesslicher Anblick offenbart. Der von Brombeersträuchern gesäumte Felsen bietet eine herrliche Aussicht auf das blaue Band der Saalekaskade, Deutschlands größte Stauseeregion.

Wie ein norwegischer Fjord schlängelt sich das „Thüringer Meer", durch endlos scheinende immergrüne Fichtenwälder. Fast schon erinnert der Felsvorsprung an die kleine Version des norwegischen „Preikestolen". Dieses außergewöhnliche Panorama sollte man in vollen Zügen genießen. Wie praktisch, dass gleich unter dem Felsvorsprung eine große Holzbank steht, die zum Verweilen einlädt. In der windgeschützten Nische kann man gemütlich picknicken. Vielleicht stilgetreu skandinavisch, mit selbst gebackenen Zimtschnecken und frischem Kaffee im Gepäck?

Unterhalb des Aussichtspunktes spielt sich währenddessen ein ganz besonderes Spektakel ab: Der Wind zieht über das Wasser und verändert die Farbe des „Meeres" im Sekundentakt. Eine kleine weiße Anlegerfähre zieht ihre Bahnen von Ufer zu Ufer und bringt eifrige Wanderer an ihr Ziel. Vereinzelt bahnen sich ameisengroße Kanus ihren Weg durch das kristallklare Wasser. Im Heidekraut, welches am von der Sonne aufgewärmten Felsen wächst, tummeln sich kleine Hummeln. Der Aussichtspunkt am Bockfelsen ist wahrlich ein kleines Stückchen Himmel auf Erden.

- Bockfelsen, 07389 Gössitz
- ÖPNV: Ab Bbf. Pößneck Bus 966, Haltestelle Gössitz, Ort (2,5 Kilometer zu Fuß)

Mehr als nur Asanas

80 Niyaha Yoga Studio und Slow Café Meiningen

Betritt man das Niyaha Yoga Studio und Slow Café in der Meininger Innenstadt, heißt es erst mal: Schuhe aus! Denn in der gemütlichen Slow-Café-Sitzecke darf jeder auf großen, gemütlichen Bodenkissen herumlungern.

Jeden Donnerstag und Freitag kann man hier neben den eigentlichen Yogakursen auch wunderbare Caféatmosphäre erleben. Am Tresen erwartet die Besucher ein großes Angebot an warmen und kalten Getränken. Beim Kaffee kann man zwischen verschiedenen Zubereitungsarten wählen. Ob Chemex, Aero oder Cold Drip – hier geht es weniger um den schnellen Koffeinkick als um einen sorgfältigen Brühvorgang zur optimalen Entfaltung des Aromas.

Nicht nur bei der Kaffeezubereitung ist viel Liebe im Spiel. Die Inhaberin des Yogacafés, Susann Kind, bereitet für ihre Gäste auch vegetarische und vegane Kleinigkeiten zu. Hier ist vom Brot bis zum Bowldressing alles selbst gemacht. Genau so, wie es sich für ein Yogastudio eben gehört, sind auch diese Köstlichkeiten ein wahres Heilmittel für Körper und Seele. Bei einem köstlichen Stück veganem Cheesecake mit einem frisch aufgebrühten Tee oder Kaffee und der angenehmen Atmosphäre des Cafés kann es schon mal vorkommen, dass man für einige Zeit die Welt um sich herum vergisst.

Ab und zu trudeln neben dem Cafébetrieb auch die Kursteilnehmer der verschiedenen Yogakurse ein, bereiten sich auf ihre Stunde vor oder entspannen sich davor oder danach auch noch bei einem Tässchen Tee. Das Niyaha Yoga Studio und Slow Café ist ein Ort der Begegnung. Vielleicht wird man bei einem Aufenthalt ja auch dazu inspiriert, sich einmal im Acro-, Hata-, Vinyasa-Yoga oder sogar einem Pole-Dance-Workshop auszuprobieren.

Ein Highlight im Slow Café ist der monatlich stattfindende Vegane-Veggie-Brunch. Von knusprigen Almond Croissants über handgebrühten Filterkaffee bis hin zu warmen Speisen lässt sich hier über drei Stunden lang das pure Frühstücksglück genießen.

- Niyaha Yoga-Studio und Slow Café, Eduard-Fritze-Straße 5, 98617 Meiningen, Tel. (0 36 93) 5 48 82 29, www.niyaha-yoga.de
- ÖPNV: Bus 400, Haltestelle Meiningen Theater (300 Meter zu Fuß)

Bibliografische Informationen der Deutschen Nationalbibliothek
Die Deutsche Nationalbibliothek verzeichnet diese Publikation in der Deutschen Nationalbibliografie; detaillierte bibliografische Daten sind im Internet über http://dnb.d-nb.de abrufbar.

Konzeption/Satz: Droste Verlag, Düsseldorf
Einbandgestaltung und Illustrationen: Britta Rungwerth, Düsseldorf, unter Verwendung von Bildern von © Fotolia.com: jd - photodesign.de; © iStock: Plociennik Robert
Fotos: Jessika Fichtel & Anika Luthardt, außer:
S. 9: Christin Schreiter; S. 29: © Henry Czauderna - stock.adobe.com; S. 75: Ferienhaus Lichtung GmbH; S. 81: Studio Gründer & Kirfel; S. 83: © Oliver Hlavaty - stock.adobe.com; S. 85: © Diana - stock.adobe.com; S. 87: Ronny Koch; S. 91: © Melinda Nagy - stock.adobe.com; S.109: Thomas Abé; S. 113: Christopher Schmid; S. 115: Daniel Suppe/ Tourismusverband Jena-Saale-Holzland e.V.; S. 119: Adrian Seeber/ Regionalverbund Thüringer Wald e.V.; S. 125: Matthias Kimpel/ Regionalverbund Thüringer Wald e.V.; S. 129: © Light Impression - stock.adobe.com; S. 131: Daniel Bastam/ Regionalverbund Thüringer Wald e.V.; S. 137: Christin Schreiter/ Goldine Fotografie; S. 139: © sehbaer_nrw - stock.adobe.com; S. 141: Florian Trykowski/ Regionalverbund Thüringer Wald e.V.; S. 151: Thüringer Tourismus GmbH 2009; S. 163: © Klaus Nowottnick - stock.adobe.com; S. 167: © Tanya Maury - stock.adobe.com

Druck und Bindung: LUC GmbH, Greven
ISBN 978-3-7700-2366-0

www.droste-verlag.de